Philip Kiefer

Sammelsurium für Kinder

Philip Kiefer

Sammelsurium für Kinder

Ravensburger Buchverlag

Bibliografische Information Der Deutschen Bibliothek:

Die Deutsche Bibliothek verzeichnet diese Publikation in der Deutschen Nationalbibliografie; detaillierte bibliografische Daten sind im Internet über *http://dnb.ddb.de* abrufbar.

7 6 5 4 3 09 08 07 06

Postfach 1860, 88188 Ravensburg

Illustrationen: Roland Prillwitz
Redaktion: Sabine Zürn
Printed in China
ISBN-13: 978-3-473-55113-2
ISBN-10: 3-473-55113-9

www.ravensburger.de

Inhalt

4,-€
S
H₂O
NO₃

Passierte alles an einem Tag, dann …

… wäre das Universum 24 Stunden alt.
… wäre die Erde vor 6 Stunden entstanden.
… gäbe es das Leben seit 50 Minuten.
… hätten die Dinosaurier vor 12 Minuten gelebt.
… wäre der Mensch vor 1 Sekunde geboren worden.

Berühmte Linkshänder

Herrscher: Julius Cäsar, Karl der Große, Napoleon Bonaparte, Alexander der Große

Künstler: Pablo Picasso, Leonardo da Vinci, Albrecht Dürer, Michelangelo, Peter Paul Rubens

Kriminelle: John Dillinger (Bankräuber), Albert Henry DiSalvo (Serienmörder), Osama bin Laden (Terrorist)

Reiche: Bill Gates, David Rockefeller, Henry Ford

Wissenschaftler: Isaac Newton, Aristoteles, Marie Curie, Albert Einstein

Tennis-Spieler: John McEnroe, Jimmy Connors, Monica Seles, Thomas Muster, Martina Navratilova

Adelstitel in fünf Sprachen

Deutsch	Englisch	Französisch	Spanisch	Italienisch
Ritter	knight	chevalier	caballero	cavaliere
Freiherr	baron	baron	baron	barone
Graf	earl	comte	conde	conte
Markgraf	marquess	marquis	marques	marchess
Herzog	duke	duc	dugue	duca
Fürst	prince	prince	principe	principe
König	king	roi	rey	re
Kaiser	emperor	empereur	emperador	imperatore

Was manche Leute sammeln

Teebeutel, Eisstiele, Plastikflaschen, Kaugummis, Knöpfe, Spielwürfel, Schokoladenpapier, Kaffeelöffel, Weihnachtsdekoration, Papiertaschentücher, Bananenaufkleber, Zucker, Spucktüten, Strumpfverpackungen, Todesanzeigen, Käse-Etiketten, Fotos von Koteletten-Trägern, Holzschuhe, Parkscheine, Streichhölzer, Nasenspangen, Tageszeitungen, Zahnpasta-Tuben, Kanalschachtdeckel, Gartenzwerge und vieles andere mehr

Der Mensch hat 210 Knochen

Davon befinden sich …

… 60 Knochen in den Armen und Händen

… 60 Knochen in den Beinen und Füßen

… 33 Knochen im Kopf

… 26 Knochen in der Wirbelsäule

… 25 Knochen im Brustkorb

… 4 Knochen in der Schulter

… 2 Knochen in der Hüfte

Redensarten und was sie bedeuten

„Keinen Deut wert sein“: Das sagt man, wenn etwas besonders wenig wert ist. Der „Deut“ war ursprünglich eine kleine niederländische Münze.

„Sein Fett wegbekommen“: Wenn früher Schweine geschlachtet wurden, bekam jeder, der dabei mitgeholfen hatte, als Lohn sein „Fett weg“.

„Jemandem einen Bärendienst erweisen“: Diese Redensart geht auf die Fabel vom Einsiedler und seinem Bären zurück. Der Bär wollte dem Einsiedler dabei helfen, Ungeziefer zu vertreiben – schlug ihn dabei aber aus Versehen tot.

„Etwas ausbaden“: In früheren Zeiten verwendete die ganze Familie das gleiche Badewasser. Wer als Letzter dran war, musste „ausbaden“, das heißt im schmutzigen Wasser baden, das Badewasser ablassen und die Wanne reinigen.

Wer herrschte im Jahr 1900 in …

… Burundi: Mwezi IV. Gisabo
… Lesotho: Lerotholie Letsie
… Marokko: Abd al-Aziz
… Ruanda: Yuhi V.
… Swasiland: Labotsibeni Gwamile Mdluli

Alle Berge mit über 8000 Meter Höhe

Name des Berges	Höhe	Jahr der Erstbesteigung
Mount Everest	8848 Meter	1953
Qogir (K2)	8611 Meter	1954
Kanchenjunga	8586 Meter	1955
Lhotse	8516 Meter	1956
Makalu I	8463 Meter	1955
Cho Oyu	8201 Meter	1954
Dhaulagiri	8167 Meter	1960
Manaslu I	8163 Meter	1956
Nanga Parbat	8125 Meter	1953
Annapurna I	8091 Meter	1950
Gasherbrum I	8068 Meter	1958
Broad Peak	8047 Meter	1957
Sishapangma	8046 Meter	1964
Gasherbrum II	8035 Meter	1956

Falsche Propheten

Schon seit Urzeiten gibt es immer wieder Menschen, die anderen Angst einjagen, indem sie den Weltuntergang vorhersagen. Doch geklappt hat es bis jetzt nie. In den letzten tausend Jahren wurde der Weltuntergang vorhergesagt für die Jahre 1169, 1186, 1254, 1260, 1420, 1500, 1524, 1532, 1533, 1538, 1541, 1650, 1665, 1666, 1692, 1800, 1814, 1843, 1844, 1864, 1874, 1881, 1891, 1901, 1910, 1914, 1925, 1953, 1957, 1959, 1960, 1962, 1969, 1973, 1975, 1978, 1981, 1982, 1984, 1986, 1988, 1990, 1992, 1993, 1994, 1995, 1996, 1997, 1998, 1999, 2000, 2002, 2003, 2005

Die nächsten Termine für den Weltuntergang sind (bitte im Kalender vormerken): 2012, 2076.

Zu deiner Beruhigung noch ein kleiner Hinweis: Naturwissenschaftler haben festgestellt, dass die Welt frühestens in ein paar 100 Millionen Jahren untergehen wird. Dann wird die Sonne explodieren und alles Leben auf der Erde auslöschen.

Entdeckst du beide Frauen in diesem Bild?

Die „Titanic“

In der Nacht vom 14. auf den 15. April 1912 rammte das gigantische Passagierschiff „Titanic“ einen Eisberg und versank zwei Stunden später im Atlantischen Ozean. Von den 2208 Personen an Bord – darunter 897 Mann Besatzung – überlebten nur 704 die Katastrophe. Hier einiges Wissenswerte über dieses berühmte Schiff:

Die „Titanic“ war 269 Meter lang, 28 Meter breit und 59 Meter hoch. Ihre Antriebsleistung betrug etwa 60 000 PS – so viel wie 600 Autos.

Von den vier Schornsteinen der „Titanic“ war der hinterste eine Attrappe, der nur zur Belüftung verwendet wurde.

Vor dem Ertrinken gerettet wurden: 60,5 Prozent der Passagiere aus der ersten Klasse, 43,8 Prozent der Passagiere aus der zweiten Klasse, 24,5 Prozent der Passagiere aus der dritten Klasse und von der Besatzung 23,6 Prozent.

Das Wrack der „Titanic“ wurde am 1. September 1985 in 3803 Meter Tiefe entdeckt, ungefähr 13,5 Meilen von der zuletzt gefunkten Position entfernt.

Der Kapitän der „Titanic“ hieß Edward John Smith. Er ging mit seinem Schiff unter.

Jiddische Wörter, die im Deutschen verwendet werden

Jiddisches Wort	Deutsche Bedeutung
Massel	Glück
Tinnef	Schund
Zocker	Spieler
Stuss	Quatsch
Zoff	Ärger
Maloche	Arbeit
Pleite	Bankrott
schäkern	flirten
schachern	handeln
schummeln	schwindeln

Jiddisch ist eine eigenständige Sprache, die wie die deutsche Sprache im Mittelalter entstand. Die auf deutschem Gebiet lebenden Juden sprachen das so genannte „Juden-Deutsch" aus Deutsch und Hebräisch. Nach ihrer Vertreibung aus Deutschland siedelten sich viele Juden in Osteuropa an. Viele Wörter osteuropäischer Sprachen mischten sich in das „Juden-Deutsch". So entstand die jiddische Sprache, aus der viele Wörter in unseren Sprachgebrauch gelangt sind. Jiddisch wird heute überwiegend in großen jüdischen Gemeinden in den USA, Israel, Frankreich oder den Niederlanden gesprochen.

13 berühmte Indianer

Atahualpa, Big Eagle, Crazy Horse, Dull Knife, Four Bears, Geronimo, Hiawatha, Little Crow, Pocahontas, Pontiac, Seattle, Sitting Bull, Uncas

Witzig, witzig

„Meine Tochter wird Ostern getauft."
„Oh, schöner Name!"

Abzählverse aus …

… **Deutschland:** Ene mene miste, es rappelt in der Kiste, ene mene meck und du bist weg.

… **der Schweiz:** Aa zelle Bölle schelle, d'Chatz gaht uf Walliselle, chunt si wider hei, hät si chrummi Bei, piff paff puff und du bisch ehr und retlich duss.

… **dem Elsass:** Änne, dänne, Dindefass, geh in d'Schuel un lehr din Sach! Kummsch mer heim un kannsch au nix. Krejsch mi'm Hewel dinni Wix!

… **der Kurpfalz:** Ene dene dorz,
de Deiwel losst en Forz,
un losst noch ener naus,
un du bischt draus.

Die Erfindung der Brezel

Vielleicht weißt du, dass Deutschland das Land mit den meisten Brotsorten ist. Aber hast du auch eine Ahnung, wer die Brezel erfunden hat? Ganz einfach: die alten Römer. Die Brezel war früher ursprünglich ein Opfergebäck, das man für die Sonnwendfeier verwendete.

Zur Erfindung der Brezel wird aber auch noch eine andere Geschichte erzählt. Vor langer Zeit soll ein schwäbischer Graf von seinem Hofbäcker bestohlen worden sein. Dieser wurde daraufhin zum Tode verurteilt, bekam aber eine Chance, sein Leben zu retten: Der Bäcker sollte innerhalb von drei Tagen ein Gebäck erfinden, durch das die Sonne dreimal scheinen konnte. Dem Bäcker wollte dazu nichts einfallen, so viel er auch grübelte. Doch als er verzweifelt an seinem Kerkerfenster stand, sah er zwei Frauen, die sich unterhielten. Eine von ihnen hatte die Arme vor der Brust verschränkt, und – Geistesblitz! – die Form der Brezel war geboren. Der Hofbäcker rettete damit sein Leben, denn durch die drei Öffnungen der Brezel schien die Sonne dreimal.

Dumme Fragen

Warum heißt es eigentlich nicht „Gelber Punkt“ und „Grüner Sack“?

Warum ist am Ende des Taschengeldes noch so viel Monat übrig?

Warum scheint die Sonne nicht nachts, sondern tagsüber, wo es doch sowieso hell ist?

Warum ist die Banane krumm?

Was ist schneller?

Eine Schwalbe fliegt 3-mal schneller als eine Taube.

Eine Biene ist 4-mal schneller als eine Stubenfliege.

Ein Rennpferd läuft 20-mal schneller als ein Fußgänger.

Ein Regentropfen fällt 55-mal schneller als eine Schneeflocke.

Die Bewegung der Erde um die Sonne ist 90-mal schneller als die Schallgeschwindigkeit.

Faule Ausreden für die Schule

Tut mir Leid, dass ich gestern die Schule geschwänzt habe. Der Kinderarzt meinte, ich solle mich mehr an der frischen Luft aufhalten.

Meine Mutter kann leider nicht zum Elternabend kommen. An dem Tag läuft im Fernsehen ihre Lieblingsserie.

Entschuldigung, dass ich zu spät bin. Mein Hubschrauber bekam wegen des Regens keine Starterlaubnis. Deshalb musste ich mit dem Rad fahren.

Tut mir Leid, dass ich so viele Fehler in den Hausaufgaben habe. Ich habe versucht, meinen Vater zurückzuhalten – aber er wollte mir unbedingt dabei helfen.

Die 10 größten Inseln

Name der Insel	Größe in Quadratkilometern
Grönland	2 175 600
Neuguinea	820 657
Borneo	743 384
Madagaskar	587 041
Baffin	507 451
Sumatra	425 150
Großbritannien	244 110
Honshu	230 988
Victoria	217 290
Ellesmere	196 236

Alte Bezeichnungen für Verwandte

Base:	Cousine
Muhme:	Tante
Schnur:	Schwiegertochter
Vetter:	Cousin
Oheim:	Onkel
Eidam:	Schwiegersohn

Wahrscheinlichkeiten

Die Wahrscheinlichkeit, in Österreich im Lotto zu gewinnen, ist genauso groß wie die, von einem Blitz getroffen zu werden.

Es besteht eine Wahrscheinlichkeit von über 50 Prozent, dass in einer Schulklasse mit 23 Kindern zwei am gleichen Tag Geburtstag haben.

Ganz schön viele Vorfahren

Die Anzahl deiner Vorfahren verdoppelt sich mit jeder Generation. Bereits nach 21 Generationen kommen damit 1 048 576 Vorfahren zusammen. Nach 30 Generationen sind es bereits über 500 Millionen Vorfahren.

Rekorde der Vögel

Am größten ist ...
... der Strauß: Er erreicht eine Höhe von knapp drei Metern. Seine Eier wiegen fast zwei Kilogramm – davon wird jeder satt.

Der schnellste Läufer ...
... ist ebenfalls der Strauß: Er bringt es mit seinen langen Beinen auf über 70 Stundenkilometer.

Am schnellsten fliegt ...
... der Wanderfalke, der es im Sturzflug auf 350 Stundenkilometer bringt.

Am tiefsten tauchen kann ...
... der Pinguin: Er sucht noch in fast 300 Metern Tiefe nach Nahrung.

Den schnellsten Flügelschlag hat ...
... der Kolibri: Der kleine Vogel schlägt mit seinen Flügeln 90-mal pro Sekunde. Er ist übrigens auch der einzige Vogel, der rückwärts fliegen kann.

Am längsten in der Luft ...
... bleibt die Rußseeschwalbe: Sie fliegt bis zu drei Jahre lang ununterbrochen – länger als jeder andere Vogel.

Ungewöhnliche Behausungen

Der Philosoph Diogenes von Sinope lebte von etwa 412 bis 323 vor Christus. Er entschied sich freiwillig für ein Bettlerdasein. Als Behausung wählte er eine einfache Tonne. Einmal soll Alexander der Große den Philosophen besucht und ihm die Erfüllung eines Wunsches versprochen haben. Dieser Wunsch lautete: „Geh mir aus der Sonne."

Auch der Indonesier Bungkas wählte eine ungewöhnliche „Behausung": Er verbrachte 21 Jahre auf einer 17 Meter hohen Palme. Damit schaffte er es immerhin ins Guinness Buch der Rekorde.

Italienische Nudelsorten

Spaghetti, Fettuccine, Tagliatelle, Makkaroni, Papardelle, Trenette, Fusilli, Rotette, Tortelloni, Canelloni, Ravioli, Farfalle, Rigatoni, Penne, Anellini, Conchiglie, Orecchiette …

Was ist eigentlich …

… da, wo nichts ist?

Die reichsten Menschen der Welt

Name	Vermögen in US-Dollar	Land	Reich durch
Bill Gates	46,6 Milliarden	USA	Microsoft
Warren Buffett	42,9 Milliarden	USA	Aktien
Karl Albrecht	23,0 Milliarden	Deutschland	Aldi
Prinz A. Bin Talal Alsaud	21,5 Milliarden	Saudi-Arabien	Erdöl
Paul Allen	21,0 Milliarden	USA	Microsoft
Alice Walton	20,0 Milliarden	USA	Walmart
Helen Walton	20,0 Milliarden	USA	Walmart
Jim Walton	20,0 Milliarden	USA	Walmart
John Walton	20,0 Milliarden	USA	Walmart
S. Robson Walton	20,0 Milliarden	USA	Walmart
Liliane Bettencourt	18,8 Milliarden	Frankreich	L'Oréal
Lawrence Ellison	18,7 Milliarden	USA	Oracle
Ingvar Kamprad	18,5 Milliarden	Schweden	Ikea
Theo Albrecht	18,1 Milliarden	Deutschland	Aldi

So kann man sich irren

Im Jahr 1806 bewertete die russische Akademie der Wissenschaften Erdöl als nutzlose Flüssigkeit, „die stinkt und in keiner Weise verwendet werden kann“. Heute ist ein Leben ohne Benzinautos und Ölheizung gar nicht mehr denkbar.

1943 äußerte Thomas Watson, damals Präsident des großen Computer-Unternehmens IBM, seine Ansicht, dass weltweit nur etwa fünf Computer gebraucht werden würden. 1956 gab es bereits 1200, 1971 waren es 80 000 und heute über 600 Millionen Computer!

Die Plattenfirma Decca verpasste 1962 der Popgruppe „The Beatles“ eine Abfuhr, weil deren Musik nicht gefragt sei. Noch im gleichen Jahrzehnt wurden die Beatles die berühmteste Popgruppe der Welt.

Womit man früher bezahlte

2 Heller	=	1 Pfennig	15 Kreuzer	=	1 Ort
4 Pfennig	=	1 Kreuzer	60 Kreuzer	=	1 Gulden
12 Pfennig	=	1 Groschen	72 Kreuzer	=	1 Taler
2 Kreuzer	=	1 Schilling	2 Gulden	=	1 Goldgulden
4 Kreuzer	=	1 Batzen	4 Gulden	=	1 Dukaten

Weiß t du eigentlich …

… was „weiße Zwerge“ sind?

a) Sterne mit geringer Leuchtkraft
b) Die Freunde von Schneewittchen
c) Die Bewohner eines friesischen Dorfes

(Lösung: a)

Zitate von Wilhelm Busch

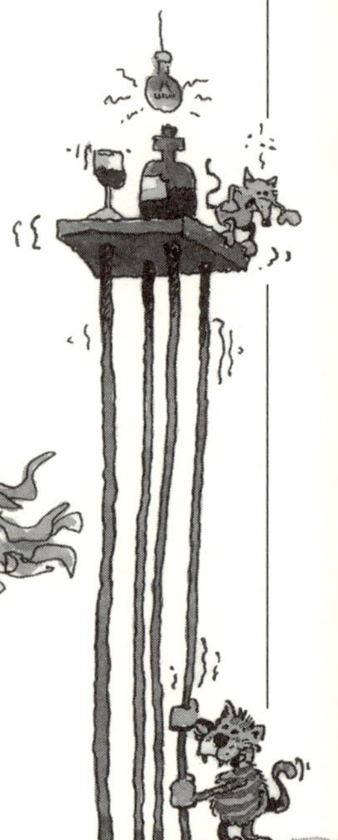

„Es ist ein Brauch von alters her:
Wer Sorgen hat, hat auch Likör!“

„Das Gute – dieser Satz steht fest –
ist stets das Böse, was man lässt.“

„Aber hier, wie überhaupt,
kommt es anders, als man glaubt.“

„Wer durch des Argwohns Brille schaut,
sieht Raupen selbst im Sauerkraut.“

„Musik wird oft nicht schön gefunden,
weil sie stets mit Geräusch verbunden.“

Über Ameisen

Ameisen leben immer in einem Staat zusammen. Einzelne Ameisen sind nicht überlebensfähig.

Es gibt etwa 10 000 verschiedene Ameisen-Arten.

Im Staat einer afrikanischen Treiberameise leben mehrere Millionen Tiere.

Der Nachwuchs von Ameisen wird von einer Königin zur Welt gebracht und dann von Arbeiterinnen versorgt.

Die Soldaten eines Ameisenstaates sind immer weiblich.

Das Morse-Alphabet

Mit Morse-Zeichen kannst du dich verständigen, ohne zu sprechen. Die Signale werden durch Blinken (z. B. mit einer Taschenlampe) oder durch Klopfen übertragen. Der Punkt im Morse-Alphabet bedeutet ein kurzes Signal, der Strich ein langes Signal.

A	· –	H	· · · ·	O	– – –	V	· · · –
B	– · · ·	I	· ·	P	· – – ·	W	· – –
C	– · – ·	J	· – – –	Q	– – · –	X	– · · –
D	– · ·	K	– · –	R	· – ·	Y	– · – –
E	·	L	· – · ·	S	· · ·	Z	– – · ·
F	· · – ·	M	– –	T	–		
G	– – ·	N	– ·	U	· · –		

Wie sagt man „Ich liebe dich" in ...

... Albanien: Te dua
... Portugal: Te amo
... Hawaii: Aloha wau ia 'oe
... Island: Eg elska thig
... Vietnam: Toi yeu em
... Rumänien: Te iu besc
... Indien: My tumse pyaar kartha hun
... Japan: Ai shite imasu
... Bulgarien: Obicham te
... Türkei: Seni seviyorum

Menschenskind!

Bis zu seinem dritten Lebensjahr produziert ein Kind 250 Kilogramm Windelmüll.

Bis zu seinem zehnten Lebensjahr hat ein Kind bereits rund 10 000 Morde gesehen – im Fernsehen.

Bis zu seinem achtzehnten Lebensjahr kostet ein Kind seine Eltern 120 000 Euro.

Die kinderreichste Stadt in Deutschland ist Cloppenburg mit 1,92 Kindern pro Frau. Kinderärmste Stadt ist Heidelberg mit nur 0,88 Kindern pro Frau.

Bezirke

Die Stadt New York teilt sich in die fünf Bezirke Queens, Staten Island, Brooklyn, Bronx, Manhattan.

Die Stadt Wien hat 23 Bezirke, davon liegen 21 südlich der Donau und zwei nördlich der Donau.

Die Austragungsorte der Fußball-WM 2006 in Deutschland

Stadt	Stadion*	Sitzplätze
Berlin	Olympiastadion	66 021
Köln	RheinEnergieStadion	40 590
Dortmund	Westfalenstadion	60 285
Frankfurt	Commerzbank-Arena	43 324
Gelsenkirchen	Veltins-Arena AufSchalke	48 426
Hamburg	AOL-Arena	45 442
Hannover	AWD-Arena	39 297
Kaiserslautern	Fritz-Walter-Stadion	41 513
Leipzig	Zentralstadion	38 898
München	Allianz Arena	59 416
Nürnberg	Frankenstadion	36 898
Stuttgart	Gottlieb-Daimler-Stadion	47 757

*Während der Fußball-WM haben einige Stadien andere Bezeichnungen.

Namen, die jeder kennt

Viele Wörter, die wir fast täglich gebrauchen, wurden von Namen abgeleitet.

- Das Wort „Sandale“ kommt von der lydischen Gottheit Sandal.
- Die „Litfaß-Säule“ wurde nach ihrem Erfinder Ernst Litfaß benannt.
- Der Kontinent „Amerika“ hat seinen Namen vom Seefahrer Amerigo Vespucci.
- Namensgeber des Zigarettengifts „Nikotin“ war der Franzose Jean Nicot.
- Das „Saxofon“ trägt den Namen seines Erfinders Adolphe Sax.
- Die „Hypnose“ heißt wie Hypnos, der griechische Gott des Schlafs.
- Das Wort „Sandwich“ haben wir John Montagu, dem vierten Grafen von Sandwich, zu verdanken.

Was man aus Kartoffeln machen kann

Bratkartoffeln, Pommes frites, Kartoffelbrei, Schnürsenkelkartoffeln, Kartoffelchips, Ofenkartoffeln, Kartoffelstärke, Rösti, Kartoffelgratin, Kartoffelpuffer, Kartoffelsalat, Wodka, Kartoffeltreibstoff, Kartoffelbrot, glacierte Kartoffeln, Streichhölzerkartoffeln, Annakartoffeln, Pellkartoffeln, Kartoffelklöße, Kartoffelstempel, Salzkartoffeln, Prinzesskartoffeln

Der Weihnachtsmann

… müsste sich mit 1040 Kilometern pro Sekunde fortbewegen können, um an Heiligabend allen Kindern der Welt ein Geschenk zu bringen.

Vorbild für den Weihnachtsmann war der heilige Nikolaus von Myra, der im 4. Jahrhundert nach Christus lebte. Er ist der Schutzpatron der Kinder.

Die Rentiere des Weihnachtsmanns heißen in einem amerikanischen Gedicht von 1823: Dasher, Dancer, Prancer, Vixen, Comet, Cupid, Donner und Blitzen. In einem weiteren Weihnachtsgedicht von 1939 kam noch das rotnasige Rentier Rudolph dazu.

In Deutschland werden jedes Jahr 100 Millionen Schokoladen-Nikolause hergestellt. Keine Ahnung, wer die alle isst.

Die größten deutschen Städte

Name der Stadt	Einwohnerzahl
Berlin	3,4 Millionen
Hamburg	1,7 Millionen
München	1,3 Millionen
Köln	990 000
Frankfurt am Main	650 000
Dortmund	590 000
Stuttgart	590 000
Essen	580 000
Düsseldorf	570 000
Bremen	540 000

Die größten Städte in Österreich

Name der Stadt	Einwohnerzahl
Wien	1,6 Millionen
Graz	220 000
Linz	180 000
Salzburg	145 000
Innsbruck	113 000
Klagenfurt	90 000
Villach	59 000
Wels	58 000
Sankt Pölten	49 000
Dornbirn	44 000

Die größten Städte in der Schweiz

Name der Stadt	Einwohnerzahl
Zürich	342 000
Genf	178 000
Basel	165 000
Bern	123 000
Lausanne	116 000
Winterthur	90 000
Sankt Gallen	70 000
Luzern	57 000
Biel	49 000
Thun	40 000

Straftäter

In der chinesischen Hauptstadt Peking werden jeden Tag 70 Gullydeckel gestohlen. Der Grund: Die Alteisenhändler zahlen etwa fünf Euro für die 30 Kilogramm schweren Teile.

Nur etwa 4 Prozent der Gefängnisinsassen im deutschsprachigen Raum sind weiblich.

Der amerikanische Unterweltboss Al Capone wurde nie wegen seiner Verbrechen verurteilt. 1931 kam er trotzdem für elf Jahre hinter Gitter: wegen Steuerhinterziehung!

Piratenflaggen

Christopher Condent

Henry Every

Blackbeard

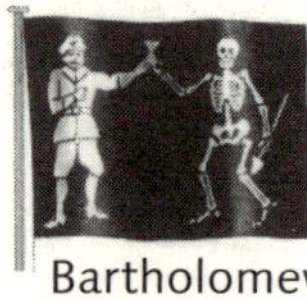

Bartholomew Roberts

Edward England

Jack Rackan

Thomas Tew

Walter Kennedy

Stede Bonnet

Pfannkuchen-Rezept

Du brauchst: 6 gehäufte Esslöffel Mehl, einen Viertel Liter Milch, 2 Eier und ein wenig Salz.

Vermische die Zutaten mit dem Schneebesen in einer Schüssel zu einem dickflüssigen Teig. Gib dann etwas Öl in eine heiße Pfanne und backe deine Pfannkuchen von beiden Seiten, bis sie goldbraun sind. Das Rezept reicht für vier leckere Pfannkuchen, die du mit Zucker, Marmelade oder Schokoladencreme bestreichen kannst.

Das Lincoln-Kennedy-Mysterium

	Abraham Lincoln	John F. Kennedy
Buchstaben des Nachnamens	7	7
In den US-Kongress gewählt	1846	1946
Präsident der USA	1860	1960
Sekretär/in	Sekretär namens Kennedy (?)	Evelyn Lincoln
Besonderer Einsatz für	Menschenrechte	Menschenrechte
Ermordet an einem	Freitag	Freitag
Erschossen im	Ford-Theater	Ford Lincoln (Automarke)
Name des Attentäters hat	15 Buchstaben	15 Buchstaben
Flucht des Attentäters	Theater-Lagerhaus	Lagerhaus-Theater
Attentäter wurde selbst	erschossen	erschossen
Nachfolger geboren im Jahr	1808	1908
Nachfolger hieß	Andrew Johnson	Lyndon B. Johnson

Abraham Lincoln war der Präsident des Amerikanischen Bürgerkrieges. Dieser Krieg begann einen Monat, nachdem Lincoln Präsident geworden war – und er endete eine Woche vor seiner Ermordung.

Ha, ha!

Fragt der Lehrer: „Was ist der Unterschied zwischen einem Wellensittich?" Antwortet der Schüler: „Beide Beine sind gleich lang, vor allem das linke."

Vampire, die es wirklich gibt

Graf Dracula

Das Vorbild für Graf Dracula war der karpatische Fürst Vlad der Zweite. Er trank zwar kein Blut, aber er war sehr grausam und ließ seine Feinde einfach aufspießen. „Dracul“ kommt aus dem Rumänischen und bedeutet „Teufel“.

Fledermäuse

In Süd- und Mittelamerika gibt es Fledermaus-Arten, die echte Vampire sind: Wenn sie einen passenden „Blutspender“ gefunden haben (z. B. ein Pferd, einen Esel oder ein Huhn), setzen sie sich auf ihn und suchen nach einer geeigneten Bissstelle. Sie speicheln die Stelle ein und beißen schließlich ein Stück Haut ab. Aus der Wunde lecken sie dann das Blut.

Blutegel

Auch Blutegel ernähren sich – wie der Name schon sagt – von Blut. Diese Tiere sind mit dem Regenwurm verwandt, können aber in Gegensatz zu diesem nur in feuchter Umgebung überleben. Hat es ein Blutegel geschafft, sich mit seinen Saugnäpfen an einem Blutspender festzuhalten, sucht er mit seinem anderen Ende nach einer geeigneten Bissstelle. Dann sägt er mit seinem Kiefer eine Ritze in die Haut und saugt das Blut heraus. Es dauert etwa 30 Minuten, bis er satt ist und sich fallen lässt. Bei bestimmten Krankheiten werden Blutegel in der modernen Medizin eingesetzt. Es gibt sogar Blutegel-Züchter.

Zecken

Die Zecke ist ein kleines Spinnentier mit acht Beinen und einem Rüssel. Weil sie gefährliche Krankheiten übertragen kann, ist sie allgemein gefürchtet. Sie lebt in Wiesen und im Laub von Sträuchern. Dort wartet sie auf ihre „Opfer". Streift ein Blutspender ihren Lauerposten, klammert sie sich geschickt an ihm fest. Nun beginnt die Suche nach einem geeigneten Essplatz – die Zecke ist dabei sehr wählerisch und krabbelt oft mehrere Stunden auf der Haut herum. Mit ihrem Rüssel sticht sie in die Haut und beginnt ihre Mahlzeit. Voll gesaugt hat sie die Größe einer Rosine.

Stechmücken

Schließlich noch ein „Vampir", den jeder kennt: die Stechmücke. Diese ist auf der ganzen Welt verbreitet. In tropischen Ländern kann sie gefährliche Krankheiten übertragen. Bei uns in Europa ist sie nicht gefährlich – aber sehr lästig. Du weißt ja, wie so ein Mückenstich jucken kann. Sobald die Mücke einen passenden Blutspender gefunden hat, landet sie auf ihm und sticht ihren Saugrüssel in seine Haut. Übrigens stechen nur die Weibchen! Die Mücken-Männchen ernähren sich nur von Pflanzensäften.

Was ein Hund dir sagen will

Signal	Bedeutung
Schwanzwedeln	Freude
Einziehen des Schwanzes	Angst
Hund legt den Kopf schräg	Neugierde
Wälzen auf dem Boden	Zufriedenheit
Knurren	Wut
Ohren sind aufgestellt	Aufmerksamkeit
Bellen	Begrüßung oder Warnung
Winseln	Schmerz oder Trauer
Hund legt sich auf den Rücken	Unterwerfung
Hund fletscht die Zähne	Angriffsbereitschaft

Die höchsten Gebäude

Die ägyptische Cheops-Pyramide war über 4000 Jahre lang das höchste Gebäude der Welt. Sie wurde im 3. Jahrtausend vor Christus erbaut und ist 137 Meter hoch.

Erst im Jahr 1439 konnte das Straßburger Münster mit 143 Metern die Höhe der Pyramide übertreffen. Auch einige andere später erbaute Münster und Dome sind höher als die Cheops-Pyramide.

1889 wurde der Eiffelturm in Paris errichtet. Er ist 317 Meter hoch und war lange das höchste Gebäude der Welt.

Heute ist der Wolkenkratzer Taipei 101 in Taiwan das höchste Gebäude der Welt. Er ist 509 Meter hoch.

Ein Mensch, der 90 Jahre lang lebt,

verfügt ...

... über 1080 Monate.

... über 4500 Wochen.

... über 788 400 Stunden.

... über 47 304 000 Minuten.

... über 2 838 240 000 Sekunden.

Davon verbringt er im Durchschnitt ...

... 30 Jahre mit Schlafen.

... 3 $3/4$ Jahre mit Essen.

... 228 Tage mit Anziehen.

... 137 Tage mit Zähne putzen.

... 22 Tage mit Nasebohren.

... 18 Stunden mit dem Belecken von Briefmarken.

Die ersten Nobelpreise

Nobelpreise wurden zum ersten Mal im Jahr 1901 vergeben. Der Erfinder und Dynamithersteller Alfred Nobel stiftete diesen Preis, um herausragende Leistungen zu würdigen. Die Nobelpreisträger von 1901 kamen aus der Schweiz (Henri Dunant; Friedensnobelpreis), den Niederlanden (Jacobus van't Hoff; Chemie), Deutschland (Wilhelm Röntgen; Physik / Emil von Behring; Medizin) und Frankreich (Sully Prudhomme; Literatur).

Wissenschaftliche Namen

Die Meeresschnecke bufonaria borisbeckeri wurde nach dem Tennisspieler Boris Becker benannt.

Die Zikaden baeturia laureli und baeturia hardyi haben ihre Namen von Dick und Doof (Laurel und Hardy).

Eine Fliege namens campsicnemius charliechaplini? Der berühmte Komiker Charlie Chaplin würde sich sicher freuen.

Und dann wäre da noch der amerikanische Präsident George Bush. Nach ihm wurde der Schwammkugelkäfer agathidium bushi benannt.

Allerlei Ringe

Die olympischen Ringe – sie symbolisieren die fünf Kontinente: Europa, Asien, Afrika, Südamerika und Nordamerika.

Jahresringe – diese findest du im Stamm eines Baumes: Jeder Ring entspricht einem Lebensjahr des Baumes.

Eheringe – diese tauschen Paare bei ihrer Hochzeit. Der Ring ist ein Symbol für die Ewigkeit.

Augenringe – bekommt, wer zu wenig schläft. Durch den Schlafmangel werden Abfallstoffe im Körper nicht richtig abgebaut und die Blutgefäße weiten sich.

„Mein Haus steht in Brand" – Ortsnamen, die es wirklich gibt

01623 Abend
17268 Afrika
79859 Aha
83236 Albern
56859 Alf
36286 Aua
25836 Batterie
83556 Beichten
88179 Beule
53881 Billig
25524 Blauer Lappen
95682 Brand
86975 Bürstenstiel
51515 Durchmarsch
24803 Ekel
53913 Essig
84332 Faulkäs
24109 Fegefeuer
25779 Feierabend
24211 Filzhut
49545 Früchte
85132 Geländer
95466 Glotzdorf
25358 Grönland
06528 Hackpüffel
88167 Hahnschenkel
25536 Himmel
84389 Hinten
24589 Kamerun
07589 Kanada
87719 Katzenhirn
06456 Kinderheim
39599 Klinke
72393 Küche
07589 Lederhose

63589 Linsengericht
97786 Motten
35325 Mücke
34439 Niesen
26160 Ofen
37094 Pinkler
19249 Quassel
25554 Salat
06647 Schimmel
84378 Schlafen
66773 Waldhexe
31061 Warzen
14715 Wassersuppe
25836 Welt
84152 Wunder

Fünf Arten ein Lagerfeuer zu machen

Pyramidenfeuer

Sternfeuer

Gitterfeuer

Jägerfeuer

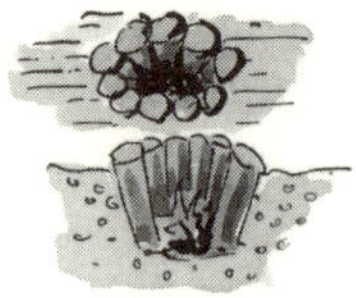

Grubenfeuer

In welchen Ländern wohnen die meisten Menschen?

Land	Einwohnerzahl	Einwohner pro Quadratkilometer
China	1,3 Milliarden	132
Indien	1,0 Milliarden	309
USA	282 Millionen	29
Indonesien	210 Millionen	110
Brasilien	170 Millionen	20
Russland	145 Millionen	9
Pakistan	138 Millionen	173
Bangladesch	130 Millionen	879
Nigeria	127 Millionen	137
Japan	126 Millionen	336

Weltrekord-SMS

Wer diese SMS am schnellsten schreibt, kommt ins Guinness Buch der Rekorde:

The razor-toothed piranhas of the genera Serrasalmus and Pygocentrus are the most ferocious freshwater fish in the world. In reality they seldom attack a human.

Dieser Text handelt – grob übersetzt – davon, dass die gefürchteten Piranha-Fische nur selten Menschen angreifen. Der derzeitige Weltrekord-Halter aus Großbritannien hat die SMS mit 160 Zeichen in nur 48 Sekunden eingetippt!

Wem das schnelle Tippen nicht liegt, kann sich auch im Handy-Weitwurf üben. In Deutschland fand die erste Meisterschaft dieser neuen Sportart im Juni 2005 statt, in der Schweiz bereits im Februar 2005. Der Weltrekord – aufgestellt durch den Finnen Ville Piippo – liegt bei 82,55 Metern Wurfweite!

Geschäftsidee

Es dauert etwa drei Sekunden, um eine Münze vom Boden aufzuheben und in die Tasche zu stecken. Selbst wenn du dich nur nach einer Cent-Münze bückst, kommst du damit auf einen Stundenlohn von 12,– Euro!

Inuit-Bezeichnungen für Schnee

apun	Schnee
apingaut	erster Schnee
kanik	Frost
ayak	Schnee auf Kleidung
kannik	Schneeflocke
nutagak	Pulverschnee
pukak	Zuckerschnee
pokaktok	salzähnlicher Schnee
massak	Schnee mit Wasser gemischt
auksalak	schmelzender Schnee
akillukkak	weicher Schnee
milik	sehr weicher Schnee
sillik	harter Schnee
aniuvak	Schneebank
perksertok	Schnee, der sich bewegt

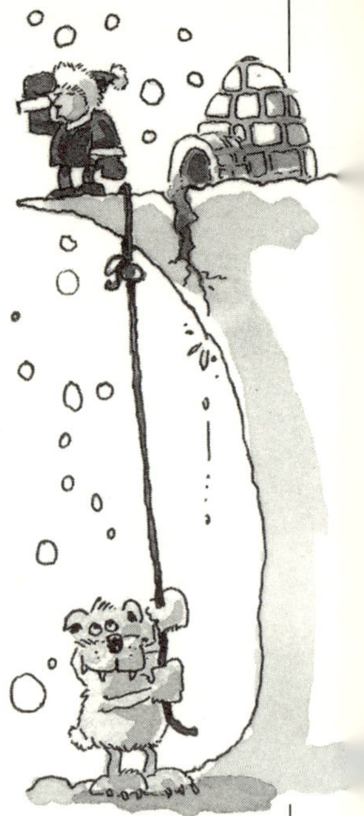

Fehler im Asterix-Comic

Die Gallier tragen im Comic Gürtel – in Wirklichkeit befestigten die Gallier ihre Hosen aber mit Hosenträgern.

Damals hatten die Gallier außerdem keine Zöpfe, sondern schmierten ihr Haar mit Kalkwasser ein und kämmten es nach hinten.

Pfui, Spinne?

Eine Kreuzspinne kann innerhalb von 10 Minuten 1000 Eier legen.

Aus einem Teelöffel voller Spinnenseide kann man eine Million Netze weben.

Die Spinnwebe ist das stabilste Seil der Welt. Theoretisch könnte man ein 1 Meter langes Stück Spinnenseide 80 Kilometer lang dehnen, bevor es reißt!

Es gibt Spinnen-Babys, die sich vom Fleisch ihrer Mutter ernähren.

Spinnen haben einen ähnlichen Geschmack wie Kartoffeln, sind aber nicht so vitaminreich.

Jeder Mensch verschluckt im Laufe seines Lebens mehrere Spinnen.

Während du dies liest, befindet sich mit großer Wahrscheinlichkeit eine Spinne weniger als einen Meter von dir entfernt.

Merkwürdige Straßennamen

Im Teller (Frankfurt) · Unter fetten Hennen (Köln) Pfannenstiel (Ravensburg) · Krumme Gärten (Berlin) Knochenhauertwiete (Hamburg) · Am Ameisenberg (Frankfurt) ... **und in deinem Heimatort?**

Bachjockeles und Co.

Als es noch keine Straßennamen und Hausnummern gab, entstanden für Gebäude oder Familien Hausnamen. Sie leiteten sich von Vor- oder Nachnamen ab, von der Lage eines Hauses (Bach, Berg, See), von besonderen Kennzeichen (Bäume, Felsen) oder vom Beruf des Hausbesitzers (Weber, Schmied, Wagner). „Bachjockeles“ war der Hausname für die Familie von Jakob, dessen Haus an einem Bach stand. Andere Beispiele sind „Lindenwirt“, „Weberhanneses“ oder „Egelseebauer“. Kennst du Hausnamen aus deinem Ort?

Weltrekorde im Einradfahren

Disziplin	Rekord	Weltrekordhalter	Land
Balancieren auf stehendem Einrad	15 Min.	Richam Almocera	Philippinen
Fahrt über 100 Meter	13 Sek.	Kato Yuichiro	Japan
Fahrt über 400 Meter	58 Sek.	Keisuke Sakamoto	Japan
Fahrt über 800 Meter	2 Min. 3 Sek.	Hiroki Shigeno	Japan
Fahrt über 10 Kilometer	28 Min. 23 Sek.	Hiroki Shigeno	Japan
Hochsprung mit dem Einrad	90 Zentimeter	Kris Holm	Kanada
Weitsprung mit dem Einrad	2,6 Meter	Moritz Hahn	Deutschland

Geheimbotschaften in alter Zeit

Im alten China wurden Geheimbotschaften auf Seide geschrieben, die dann mit heißem Wachs übergossen und zu kleinen Kugeln geformt wurden. Wenn das Wachs hart geworden war, musste ein Bote die Kugel runterschlucken. Beim Empfänger wartete man dann, bis sie hinten wieder rauskam.

Im antiken Griechenland wandte man folgenden Trick an: Von einer Wachstafel, die man damals zum Schreiben verwendete, wurde das Wachs gekratzt und eine Botschaft auf das Holz geritzt. Dann wurde wieder Wachs darüber gegossen, um die Botschaft zu verdecken.

In Griechenland wurden einem Sklaven die Haare wegrasiert. Auf die kahle Kopfhaut wurde dann eine Nachricht tätowiert. Als die Haare wieder nachgewachsen waren, wurde der Bote zum Empfänger geschickt – wo man ihm wieder eine Glatze verpasste, um die Nachricht lesen zu können.

Im späten Mittelalter stellte man in Italien aus einer Mischung von Alaun und Essig eine Tinte her, mit der man seine geheime Botschaft auf ein hart gekochtes Ei schrieb. Das Geschriebene konnte man aber nicht auf der Eierschale sehen, sondern nur im Inneren des Eis, wenn man es schälte.

Wie weit ist es von Berlin nach …

… Paris / Frankreich: 860 Kilometer
… London / England: 920 Kilometer
… Moskau / Russland: 1 600 Kilometer
… Kairo / Ägypten: 2 900 Kilometer
… Bombay / Indien: 6 300 Kilometer
… Tokio / Japan: 9 000 Kilometer
… Los Angeles / USA: 9 300 Kilometer
… Kapstadt / Südafrika: 9 500 Kilometer
… Rio de Janeiro / Brasilien: 9 900 Kilometer
… Sydney / Australien: 16 000 Kilometer

Fünf Gemeinheiten beim Telefonieren

1. Tu so, als ob du den Anrufer nicht hören kannst. Schrei in den Hörer „Hallo, hallo…“.
2. Sprich dem Anrufer alles nach, was er sagt – so lange, bis er wütend auflegt.

3. Drücke, während du telefonierst, ein paarmal auf die Klospülung.
4. Sprich so leise, dass der Anrufer dich kaum verstehen kann.
5. Egal, was der Anrufer sagt, antworte immer mit „Nein“.

Gauner-Geheimvokabular

Im finsteren Mittelalter haben Gauner eine eigene Sprache entwickelt, damit sie nicht so einfach belauscht werden konnten. Man nennt diese Sprache „Rotwelsch". Einige der Wörter kommen dir sicher bekannt vor, da sie heute auch im Alltag verwendet werden.

Rotwelsch-Begriff	Bedeutung
Teigaffe	Bäcker
Kluft	Gewand
Kabuff	Kammer
Fottenhäuer	Lehrer
Polyp	Polizist
Emmes	Treffpunkt
Kläffer	Hund
Macker	Partner
Schickse	Mädchen
Mammon	Reichtum

Gauner-Zinken

Außer durch Rotwelsch verständigten sich Gauner durch geheime Zeichen, die in Hauswände geritzt wurden. Auch heute noch werden diese Zeichen von manchen Gaunern oder Landstreichern verwendet.

Große Zahlen

Neuen Forschungen zufolge gibt es etwa 70 000 000 000 000 000 000 000 – 70 Sextillionen – Sterne. Unsere Sonne ist nur einer unter diesen vielen Sternen.

Allein unsere Galaxie, die Milchstraße, besteht aus über 100 Milliarden Sternen. Du müsstest etwa 3000 Jahre leben, um jede Sekunde einen Milchstraßen-Stern zählen zu können.

Bei so großen Entfernungen wird nicht mehr in Metern gerechnet, sondern in Lichtjahren: das ist die Entfernung, die das Licht innerhalb eines Jahres zurücklegt – über 9 Billionen Kilometer! Das Licht der meisten Sterne, die wir heute am Nachthimmel sehen, ist bereits hunderte von Jahren unterwegs gewesen, bis es bei uns ankam.

Auch nicht schlecht: Dein Körper besteht aus 80 000 000 000 000 – 80 Billionen – Zellen. Dein Herz schlägt jeden Tag hunderttausend Mal. Und wenn du die Zellen deines Gehirns aneinander legen würdest, könntest du es 12-mal um die Erde wickeln oder als Draht zum Mond spannen.

Wer wird wie angeredet?

Anrede	Titel
Hochwürden	Pfarrer
Ehrwürdige Schwester	Nonne
Exzellenz	Bischof (oder Botschafter)
Eminenz	Kardinal
Heiliger Vater	Papst
Durchlaucht	Fürst
Hoheit	Herzog
Königliche Hoheit	Prinz
Majestät	König
Herr/Frau Doktor	Doktor/Doktorin

Wie lange lebt …

… eine Spinne: 2 Jahre
… eine Ratte: 3 Jahre
… ein Kaninchen: 5 Jahre
… eine Ameise: 10 Jahre
… ein Frosch: 20 Jahre
… eine Ente: 25 Jahre
… ein Blutegel: 30 Jahre
… ein Papagei: 60 Jahre
… ein Wal: 50 Jahre
… eine Riesenschildkröte: 300 Jahre

Sieben mal sieben

Die sieben Todsünden
Neid, Zorn, Geiz, Gier, Unkeuschheit, Stolz, Faulheit

Die sieben Tugenden
Glaube, Hoffnung, Liebe, Besonnenheit, Tapferkeit, Weisheit, Gerechtigkeit

Die sieben Weisen Griechenlands
Thales aus Milet, Chilon aus Sparta, Bias aus Priene, Kleobulos aus Rhodos, Periandros aus Korinth, Solon aus Athen, Pittakos aus Mytilene

Die Sieben im Märchen
Sieben Geißlein, sieben Raben, sieben Zwerge, Sieben-Meilen-Stiefel

Die sieben Weltwunder
Die hängenden Gärten von Babylon, die ägyptischen Pyramiden, der Artemistempel in Ephesus, das Grabmal des Königs Mausolos von Karien, der Koloss von Rhodos, der Leuchtturm auf der Insel Pharos, das Zeus-Bildnis von Phidias

Die sieben Kurfürsten
von Trier, Mainz, Sachsen, Böhmen, Pfalz, Brandenburg und Köln

Die sieben Sakramente
Taufe, Firmung, Abendmahl, Ehe, Beichte, Krankensalbung, Priesterweihe

Nachnamen

Im deutschsprachigen Raum gibt es bis zu 300 000 verschiedene Nachnamen. Am häufigsten kommen folgende Nachnamen vor: Müller, Schmidt, Schneider, Fischer, Maier, Weber, Becker, Wagner, Schäfer und Schulz – alles alte Berufsbezeichnungen.

In China gibt es 1,3 Milliarden Einwohner, aber nur etwa 4000 Nachnamen. Der häufigste chinesische Nachname ist Li.

Witz komm raus

„Mein Name ist Kurz."
„So ein Zufall, meiner auch: Ich heiße Lang."

Zeitungsrekorde

Die erste Zeitung gab es bereits im alten Rom unter Caesar. Sie hieß „Acta Diurna publica populi Romani".

Die meisten Seiten hat die Wochenend-Ausgabe der „New York Times". Die Leser müssen sich durch 240 eng bedruckte Seiten durcharbeiten.

Die Zeitung „The Times" (London), die es heute noch gibt, erschien erstmals 1785.

Topten der Meerestiefen

Name der Meerestiefe	Tiefe in Metern
Vitiaz-Tiefe I (Marianengraben)	11 022 Meter
Challenger-Tiefe	10 899 Meter
Penguin-Tiefe	10 882 Meter
Galathea-Tiefe	10 540 Meter
Johnson-Tiefe	10 497 Meter
Emden-Tiefe	10 400 Meter
Ramapo-Tiefe	10 340 Meter
Milwaukee-Tiefe	9 219 Meter
Meteor-Tiefe	8 264 Meter
Albatros-Tiefe	7 610 Meter

Thailändische Delikatesse

Auf dem thailändischen Speiseplan findet man neben Schlangen, Ameisen und Hunden auch Ratten. Die thailändischen Rattenfänger gehen nachts auf die Pirsch, töten ihre Beute und hängen sie zum Trocknen auf. Die getrockneten Ratten werden dann auf dem Markt zum Kauf angeboten.

Essen und Trinken

Jedes zweite Glas Senf wird in Frankreich hergestellt. 90 Prozent der Senfkörner kommen aus Kanada.

Von den 650 Kilogramm Lebensmitteln, die eine durchschnittliche Familie jedes Jahr kauft, bestehen ein Drittel aus Obst und Gemüse und 4 Prozent aus Süßigkeiten.

Cappuccino stammt ursprünglich aus Österreich. Das Wort kommt von „Kapuziner“, weil die Farbe des Getränks an Mönchskutten erinnert.

Ursprünglich wurde Döner Kebab nicht in einem Fladenbrot serviert, sondern auf einem Teller mit Reisbeilage.

„Hot Dogs“ – das bedeutet „Heiße Hunde“ – wurden so genannt, weil dafür ursprünglich Frankfurter Würstchen verwendet wurden – und die bezeichnete man auch als „Dackelwurst“.

Welcher Schinken ist eine Süßspeise? Der österreichische Palatschinken, eine Art Pfannkuchen. Das Wort stammt vom ungarischen „palacsinta“.

Was versteht der Jäger unter einer Lunte?

Die „Lunte“ ist der Schwanz eines Fuchses, Dachses oder anderen Raubwilds. Von diesem Wort kommt auch die Redensart „die Lunte riechen“.

Was Fußballspieler alles sagen

„Das ist Schnee von morgen." *(Jens Jeremies)*

„Das nächste Spiel ist immer das nächste." *(Matthias Sammer)*

„Vom Feeling her hatte ich ein gutes Gefühl." *(Andi Möller)*

„Wir können so was nicht trainieren, sondern nur üben." *(Michael Ballack)*

„Die einzige Schwäche von Ruud van Nistelroy ist seine Kopfballstärke." *(Oliver Bierhoff)*

„Wenn wir hier nicht gewinnen, dann treten wir ihnen wenigstens den Rasen kaputt." *(Rolf Rüssmann)*

„Wir wollten in Bremen kein Gegentor kassieren. Das hat auch bis zum Gegentor ganz gut geklappt." *(Thomas Hässler)*

„Wir lassen uns nicht nervös machen, und das geben wir auch nicht zu!" *(Olaf Thon)*

„Irgendwann mal wieder gewinnen, und das versuchen wir zu probieren." *(Oliver Kahn)*

„Wir dürfen jetzt nur nicht den Sand in den Kopf stecken!" *(Lothar Matthäus)*

„Zuerst hatten wir kein Glück, und dann kam auch noch Pech dazu." *(Jürgen Wegmann)*

So heißen Tierkinder

Schwein: Ferkel

Wildschwein: Frischling

Hund: Welpe

Pferd: Fohlen

Kuh: Kalb

Adler: Nestling

Huhn: Küken

Reh: Kitz

Schaf: Lamm

Dachs: Geheck

Optische Täuschung

Die Kreise sind waagrecht gestreift.

Gerüchte-Küche

Paul McCartney, Sänger, Gitarrist und Komponist der berühmten Pop-Gruppe „The Beatles“ soll bereits 1966 bei einem Autounfall gestorben und dann durch seinen Doppelgänger William Campbell ersetzt worden sein – von jenem fehlt seit 1967 jede Spur und auch von einer Narbe, die Paul McCartney bis dahin auf der Oberlippe gehabt haben soll. Kenner behaupten außerdem, dass sich die Musik seit diesem Zeitpunkt verändert habe.

Der berühmte Schriftsteller Ernest Hemingway soll in seinem Testament verfügt haben, dass auf seinen Grabstein gemeißelt wird: „Bitte entschuldigen Sie, dass ich nicht aufstehe.“ Sein letzter Wille wurde ihm allerdings nicht erfüllt.

J. R. R. Tolkien, Schöpfer der „Herr der Ringe“-Trilogie, hat in seinem Testament festgeschrieben, dass über sein Werk kein Disney-Film gedreht werden darf.

Jean Paul Getty, Erdöl-Milliardär und Autor des Buches „So macht man Milliarden“, soll in seinem eigenen Haus ein Münztelefon aufgestellt haben, um die monatliche Telefonrechnung möglichst gering zu halten.

Elvis Presley, der „King of Rock“, soll in Wirklichkeit blond gewesen sein. Er färbte sich seit seinem 16. Lebensjahr die Haare.

Nationalfeiertage in Europa

Tag	Land
16. Februar	Litauen
24. Februar	Estland
3. März	Bulgarien
17. März	Irland
25. März	Griechenland
16. April	Dänemark
30. April	Niederlande
3. Mai	Polen
17. Mai	Norwegen
2. Juni	Italien
6. Juni	Schweden
10. Juni	Portugal
12. Juni	Russland
17. Juni	Island
18. Juni	Großbritannien
23. Juni	Luxemburg
25. Juni	Kroatien, Slowenien
3. Juli	Belarus
14. Juli	Frankreich
21. Juli	Belgien
1. August	Schweiz
2. August	Mazedonien
15. August	Liechtenstein

Tag	Land
20. August	Ungarn
24. August	Ukraine
27. August	Republik Moldau
1. September	Slowakei
3. September	San Marino
8. September	Andorra
21. September	Malta
1. Oktober	Zypern
3. Oktober	Deutschland
12. Oktober	Spanien
26. Oktober	Österreich
27. Oktober	Vatikan
28. Oktober	Tschechische Republik
29. Oktober	Türkei
11. November	Polen
18. November	Lettland
19. November	Monaco
25. November	Bosnien und Herzegowina
28. November	Albanien
1. Dezember	Rumänien
6. Dezember	Finnland

Merkwürdige Zufälle

Bringt der Name Hugh Williams Glück? Dreimal war ein Mann dieses Namens einziger Überlebender eines Schiffbruchs – und die drei Schiffbrüche fanden jeweils an einem 5. Dezember statt: am 5. Dezember 1664, am 5. Dezember 1784 und am 5. Dezember 1860!

1911 wurden in England drei Männer namens Green, Berry und Hill hingerichtet. Der Grund: Sie hatten einen Mann ermordet, nämlich einen gewissen Sir Edmund Berry von Greenbury Hill.

In den USA bekamen im Jahr 1998 drei Schwestern am gleichen Tag ein Baby. Die älteste Schwester brachte ihr Kind morgens zur Welt, dann kam die zweitälteste dran und abends folgte die jüngste Schwester. Die Wahrscheinlichkeit für so einen Fall liegt bei 1 zu 50 Millionen!

Im Jahr 1912 sank bekanntlich die „Titanic“, weil sie einen Eisberg gerammt hatte. Interessanterweise hat bereits 1898 ein Mann namens Morgan Robertson einen Roman veröffentlicht, in dem ein Schiff mit einem Eisberg zusammenstößt. Der Name dieses Schiffes war „Titan“.

Palindrome

Palindrome nennt man Wörter oder Sätze, die vorwärts und rückwärts gelesen einen Sinn ergeben.

Uhu	Dienstmannamtsneid
Anna	Lagertonnennotregal
Kajak	Tarne nie deinen Rat!
Retter	Alle Bananen, Anabella!
Rentner	Eine Horde bedrohe nie!
Reittier	Bei Leid lieh stets Heil die Lieb'.
Marktkram	Trug Tim eine so helle Hose nie mit Gurt?

Kuriose Steuern

Ist beim Staat die Kasse knapp, werden die Steuern erhöht oder neue Steuern eingeführt – das war schon immer so. Der römische Kaiser Vespasian beispielsweise erließ eine Urin-Steuer, die jeder abtreten musste, der eine Toilette besuchen wollte. Daher rührt übrigens auch die Redewendung „Geld stinkt nicht" (Lateinisch: „Pecunia non olet").
Der Herzog Karl Eugen erließ 1789 in Württemberg eine Spatzensteuer. Jeder Bürger sollte zwölf Spatzen lebend fangen – wer das nicht schaffte, musste 12 Kreuzer an den Herzog bezahlen.
In der Stadt Bonn gibt es zahlreiche alte Häuser mit sehr kleinen Fenstern. Der Grund: Unter der napoleonischen Herrschaft wurde dort eine Fenstersteuer eingeführt – je größer das Fenster, desto mehr Geld musste man zahlen.

Alles, was Glück bringt

Daumendrücken
Vierblättriges Kleeblatt
Schornsteinfeger
Hufeisen
Sternschnuppe
Glückspfennig
Marienkäfer

Weißt du …

… welche Aufgabe der Rudergänger auf einem Schiff hat?

a) Er hält das Schiff sauber
b) Er bedient die Maschinen
c) Er steuert das Schiff

(Lösung: c)

Bälle

Sportart	Gewicht	Ballumfang
Baseball	142–149 Gramm	22,9–23,5 Zentimeter
Basketball	600–650 Gramm	75–80 Zentimeter
Fußball	396–453 Gramm	68–71 Zentimeter
Golfball	45–48 Gramm	12,6 Zentimeter
Handball	400–500 Gramm	48–60 Zentimeter
Hockeyball	156–163 Gramm	23–23,5 Zentimeter
Kricketball	156–163 Gramm	22 Zentimeter
Medizinball	1500–3000 Gramm	110 Zentimeter
Tischtennisball	2,4–2,5 Gramm	11,4–12,1 Zentimeter
Wasserball	400–450 Gramm	68–71 Zentimeter

Menschliche Chemie

Ein Mensch besteht zu …

… 65 Prozent aus Sauerstoff.
… 20 Prozent aus Kohlenstoff.
… 10 Prozent aus Wasserstoff.
… 3 Prozent aus Stickstoff.
… 2 Prozent aus Phosphor, Schwefel und anderen Elementen.

Würdest du die Chemikalien einzeln kaufen, müsstest du kaum mehr als 4 Euro ausgeben!

Die ältesten Menschen der Welt

Menschen werden immer älter. Man schätzt, dass Kinder, die heute zur Welt kommen, bereits eine durchschnittliche Lebenserwartung von über hundert Jahren haben.
Die älteste Frau, die jemals gelebt hat, war die Französin Jeanne Calment, die von 1875 bis 1997 lebte – sie erreichte ein Alter von 122 Jahren, und das obwohl sie bis ins hohe Alter rauchte und Schokolade liebte.
Der älteste Mann der Welt war ein Amerikaner dänischer Abstammung. Er lebte von 1882 bis 1998 – 115 Jahre lang. Auch er rauchte bis ins hohe Alter – er liebte dänische Zigarren. Allerdings legte er Wert auf eine gesunde Ernährung.

Erdbeben- und Sturmstärken

	Erdbeben	Sturm
Stärke 1	Unmerklich	Windstill
Stärke 2	Sehr leicht	Leiser Zug
Stärke 3	Leicht	Leichte Brise
Stärke 4	Mäßig	Schwache Brise
Stärke 5	Ziemlich stark	Mäßige Brise
Stärke 6	Stark	Frische Brise
Stärke 7	Sehr stark	Steifer Wind
Stärke 8	Zerstörend	Stürmischer Wind
Stärke 9	Verwüstend	Sturm
Stärke 10	Vernichtend	Schwerer Sturm
Stärke 11	Katastrophe	Orkanartiger Sturm
Stärke 12	Große Katastrophe	Orkan

Bösewichte in der Mythologie

Die Sirenen – sie lockten durch ihren schönen Gesang Seefahrer ins Verderben.

Die Sphinx – sie fraß alle auf, die kein Rätsel lösen konnten.

Die Medusa – sie verwandelte alles in Stein, was sie anblickte. Statt Haaren hatte sie Schlangen auf dem Kopf.

Die Büchse der Pandora – ein Gefäß, das alle Übel enthielt, mit denen der Gott Zeus die Menschen bestrafen wollte.

Übers Schmelzen

Für die Herstellung von Glühbirnen wird Wolfram verwendet, weil dieses Metall erst bei 3380 Grad Celsius schmilzt. Das Licht entsteht, indem man das Metall durch Elektrizität zum Glühen bringt. Die anderen Metalle liegen da deutlich drunter: Gold schmilzt bereits bei 1063 Grad Celsius, Aluminium bei 658 Grad und Zinn sogar schon bei 232 Grad.

Die Märchen der Brüder Grimm auf Englisch

Deutscher Titel	Englischer Titel
Der Froschkönig	The Frog King
Der Wolf und die sieben Geißlein	The Wolf and the Seven Little Kids
Hänsel und Gretel	Hansel and Grethel
Aschenputtel	Cinderella
Frau Holle	Mother Holle
Rotkäppchen	Little Red-Cap
Dornröschen	Little Briar-Rose
Rumpelstilzchen	Rumpelstiltskin
Hans im Glück	Hans in Luck
Die Bremer Stadtmusikanten	The Bremen Town-Musicians

Hochzeitstage

Verheiratet seit	Hochzeitstag
1 Jahr	Papierne Hochzeit
5 Jahre	Hölzerne Hochzeit
10 Jahre	Zinnene Hochzeit
15 Jahre	Kristallene Hochzeit
25 Jahre	Silberne Hochzeit
30 Jahre	Perlene Hochzeit
50 Jahre	Goldene Hochzeit
60 Jahre	Diamantene Hochzeit
65 Jahre	Eiserne Hochzeit
70 Jahre	Gnaden-Hochzeit

Apfelsorten

Es gibt im deutschsprachigen Raum über 2700 anerkannte Apfelsorten – vom „Gewürzluiken“ bis zum Apfel „Ingrid Marie“. Am beliebtesten sind die Sorten:

Golden Delicious
Jonagold
Boskoop
Granny Smith
Cox Orange
Gala Royal
Elstar
Braeburn

Marienerscheinungen – ist da was dran?

Bereits über 900-mal erschien Maria religiösen Menschen in aller Welt. Keiner hat dafür eine Erklärung. Deshalb spricht man von Wundern – oder von Betrug, je nachdem, ob man an solche Dinge glauben will oder nicht.

Die berühmteste Marienerscheinung gab es im Jahr 1858 in Lourdes. Dem 14-jährigen Mädchen Bernadette Soubirous erschien Maria gleich 18-mal. Das erste Mal geschah es, als sie mit ihren jüngeren Geschwistern Brennholz sammelte. Bei einer Grotte sah sie plötzlich eine wunderschöne Frauengestalt, die nach kurzer Zeit aber wieder verschwand. Am bedeutendsten war die neunte Marienerscheinung. Maria forderte Bernadette auf, bei der besagten Grotte zu graben. Diese befolgte die Aufforderung und grub mit den bloßen Händen in der Erde. Der Boden wurde plötzlich feucht und eine Quelle begann bei der Grotte zu sprudeln. Viele Menschen, die im Wasser dieser Quelle badeten, wurden von schweren Krankheiten geheilt. Noch heute besuchen tausende Menschen die Stätte. Ein weiteres Wunder geschah nach Bernadettes Tod. Sie starb am 7. April 1879 und wurde in einen Sarg gelegt. In den Jahren 1908 und 1919 wurde dieser Sarg noch mal geöffnet – und Bernadettes Leichnam war kaum verändert, so, als ob man sie eben erst zur letzten Ruhe gebettet hätte.

Welche Buchstaben kommen am häufigsten vor?

Rang	Buchstabe (+ Leerstelle)	Häufigkeit in %	Rang	Buchstabe (+ Leerstelle)	Häufigkeit in %
1	Leerstelle	15,1	16	O	1,8
2	E	14,7	17	B	1,6
3	N	8,8	18	Z	1,4
4	R	6,9	19	W	1,4
5	I	6,4	20	F	1,3
6	S	5,4	21	K	1,0
7	T	4,7	22	V	0,7
8	D	4,4	23	Ü	0,6
9	H	4,4	24	P	0,5
10	A	4,3	25	Ä	0,5
11	U	3,2	26	Ö	0,3
12	L	2,9	27	J	0,16
13	C	2,7	28	Y	0,02
14	G	2,7	29	Q	0,01
15	M	2,1	30	X	0,01

Die Post ist da!

Ein Postbote läuft im Durchschnitt 20 Kilometer am Tag. Während seines Berufslebens könnte er dadurch 6-mal die Erde umrunden.

Das Hieroglyphen-Alphabet

Die alten Ägypter kannten noch keine Buchstaben, wie wir sie heute verwenden. Stattdessen ordneten sie den Lauten ihrer Sprache Bilder aus ihrem Lebensbereich zu, z. B. das „A“ dem Bild eines Geiers, das „B“ dem Bild eines Beins usw. Da die Sprache der Ägypter ganz anders war als unsere, wiederholen sich einige Zeichen.

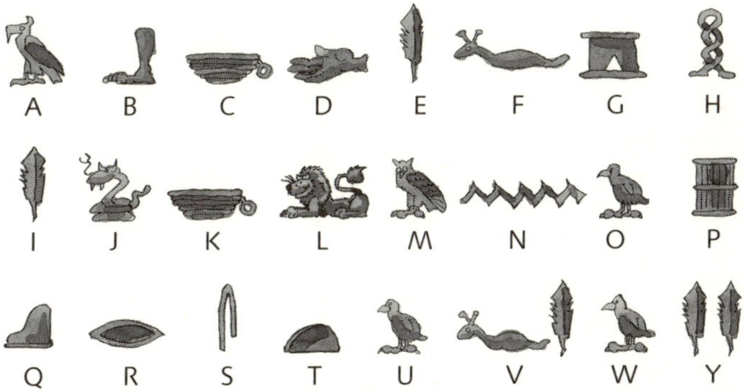

Kannst du den folgenden Hieroglyphen-Text entziffern?

(Lösung: Gut gemacht)

SMS-Ausreden

Tut mir Leid, dass ich gesagt habe, du würdest ganz schön alt aussehen. Ich habe dich mit meiner Oma verwechselt.

Entschuldigung, dass ich beim Spielen eure Fensterscheibe kaputtgemacht habe. Aber es heißt doch: Scherben bringen Glück.

Leider kann ich meiner Schwester momentan nicht ausrichten, dass du in sie verliebt bist. Sie besucht gerade ihren Freund.

Ich kann heute leider nicht zu dir kommen. Mein linker Hund hat meinen rechten Schuh gefressen.

Leider kann ich nicht zu dir kommen. Meine Eltern sind mit meinen Geschwistern verreist. Außer mir ist sonst niemand da, der aufs Haus aufpasst.

Kannst du mich heute im Sportunterricht entschuldigen? Ich bin zur Hochzeitsfeier des belgischen Prinzenpaares eingeladen.

Wenn ich mal groß bin

Wetten, du bist größer? Der Jordanier Younis Edwan bringt es nur auf 65 Zentimeter Körpergröße. Er gilt als kleinster Mann der Welt. Einem normal großen Erwachsenen reicht Younis gerade mal bis ans Knie.

Was krabbelt da?

Dein Körper ist die Wohnung von Billionen winziger Lebewesen. Jeden Tag kommst du in Berührung mit Viren, Amöben, Bakterien und Schimmelpilzen. Mit jedem Einatmen nimmst du ein paar Millionen davon in dich auf. Auf deiner Hautoberfläche leben so viele dieser Mikroorganismen, wie es Menschen auf der Erde gibt. Allein deine Mundhöhle ist das Zuhause von mehr als 80 verschiedenen Bakterienarten – das ist sozusagen eine Mikroben-Großstadt. In einem einzigen Milliliter Speichel kann man eine Milliarde Bakterien finden.

Außerdem gibt es weitere Tiere, man nennt sie Parasiten, die es sich auf oder im menschlichen Körper gemütlich machen. So kann es ein Bandwurm in deinem Darm auf bis zu 20 Meter Länge bringen. Mikroskopisch kleine Spinnentierchen, die Milben, krabbeln jederzeit auf dir herum. Und Flöhe, Läuse und Zecken sind kleine Blutsauger, die es sich auf deiner Haut gemütlich machen können. Wer weiß: Wenn du das hier liest, feiern die Tierchen vielleicht gerade eine Party!

Alte Gewichte

Bezeichnung	Das entspricht
1 Gran	0,06 Gramm
1 Karat	0,2 Gramm
1 Skrupel	1,2 Gramm
1 Quent	1,66 Gramm
1 Drachme	3,6 Gramm
1 Hyakume	375 Gramm
1 Lot	50 Gramm
1 Oka	1,284 Kilogramm
1 Stein	10 Kilogramm
1 Talent	26,2 Kilogramm

Wissenswertes aus der Welt der Tiere

Womit klappert eine Klapperschlange? Mit ihrem Schwanzende, an dem sich eine Hornrassel befindet.

Warum heißt der Siebenschläfer Siebenschläfer? Weil er sieben Monate im Jahr Winterschlaf macht.

Wie viele Höcker hat ein Kamel? Das kann man nicht so genau sagen, da es verschiedene Kamel-Arten gibt. Das Lama hat gar keinen Höcker, das Dromedar einen und das Trampeltier zwei.

Was ist ein Pillendreher? Ein Käfer, der aus Mist kleine Kugeln rollt.

Das Wachstum der Weltbevölkerung

Zeitpunkt	Anzahl der Menschen
10000 vor Christus	2,5 Millionen Menschen
5000 vor Christus	20 Millionen Menschen
3000 vor Christus	80 Millionen Menschen
Jahr 0	200 Millionen Menschen
1650	550 Millionen Menschen
1800	900 Millionen Menschen
1900	1,6 Milliarden Menschen
1950	2,4 Milliarden Menschen
1980	4,2 Milliarden Menschen
2005	6,4 Milliarden Menschen

Scherzfragen

Wie überqueren Ameisen einen Fluss?

(Lösung: Sie nehmen das „A" aus dem Namen und fliegen ans andere Ufer.)

Was hat ein Storch, der im Misthaufen landet?

(Lösung: Kotflügel)

Was fällt durch Glas, ohne dass dieses zerbricht?

(Lösung: Sonnenschein)

Römische Zahlen

Römische Ziffer	Das entspricht der Zahl
I	1
II	2
III	3
IV	4
V	5
VI	6
VII	7
VIII	8
IX	9
X	10

Römische Ziffer	Das entspricht der Zahl
XX	20
XXX	30
XL	40
L	50
LX	60
LXX	70
LXXX	80
XC	90
C	100
D	500
M	1000

Traumdeutung

Laut Sigmund Freud, einem berühmten österreichischen Psychiater, verarbeiten wir in unseren Träumen dreierlei: Erlebnisse aus der frühen Kindheit, Erlebnisse des vorangegangenen Tages und Wahrnehmungen während des Schlafes, also zum Beispiel Gespräche im Wohnzimmer oder das Klingeln des Weckers. Träume kann man deuten; häufig sind sie ein Spiegel von Gefühlen oder Erlebnissen.

Seifenblasen-Rezept

Ist die Seifenblasen-Dose mal wieder leer? Kein Problem! Mit ein wenig Wasser, Shampoo und Sirup kannst du eine neue Seifenblasen-Mischung herstellen.
Du brauchst: 1 Glas warmes Wasser, 5 Spritzer Shampoo, 3 Esslöffel Sirup.
Verwende am besten Kindershampoo, das nicht brennt, wenn es in die Augen gelangt. Vermische alles zusammen in einem Gefäß. Sobald das Wasser abgekühlt ist, kannst du es in die Seifenblasen-Dose abfüllen und verwenden.

Wörter aus der Seefahrt

Seeleute sagen	Das bedeutet
Backbord	linke Seite des Schiffes
Steuerbord	rechte Seite des Schiffes
Bug	Vorderteil des Schiffes
Heck	Hinterteil des Schiffes
Kombüse	Schiffsküche
Kajüte	Zimmer auf dem Schiff
heißen	hochziehen
kappen	durchschneiden
spleißen	zusammenbinden
pullen	rudern

Päpste mit Namen Benedikt

Name des Papstes	Papst von – bis
Benedikt I.	575–579
Benedikt II.	684–685
Benedikt III.	855–858
Benedikt IV.	900–903
Benedikt V.	964
Benedikt VI.	973–974
Benedikt VII.	974–983
Benedikt VIII.	1012–1024
Benedikt IX.	1032–1044
Benedikt X.	1058–1059
Benedikt XI.	1303–1304
Benedikt XII.	1334–1342
Benedikt XIII.	1724–1730
Benedikt XIV.	1740–1758
Benedikt XV.	1914–1922
Benedikt XVI.	seit 19. April 2005

Weißt du …

… woraus das Gericht „Risibisi" besteht?

a) Aus Reis und Erbsen

b) Aus Kartoffeln und Speck

c) Aus Nudeln und Hühnerfleisch

(Lösung: a)

Die besten Titel beim Grand Prix d'Eurovision

Deutschland

Sänger/Gruppe	Lied	Jahr	Platz
Nicole	Ein bisschen Frieden	1982	1
Katja Ebstein	Theater	1980	2
Lena Valaitis	Johnny Blue	1981	2
Wind	Für alle	1985	2
Wind	Lass die Sonne in dein Herz	1987	2

Österreich

Sänger/Gruppe	Lied	Jahr	Platz
Udo Jürgens	Merci Chérie	1966	1
Udo Jürgens	Sag ihr, ich lass sie grüßen	1965	4
Liane Augustin	Die ganze Welt braucht Liebe	1958	5
Milestones	Falter im Wind	1972	5
Waterloo & Robinson	My Little World	1976	5

Schweiz

Sänger/Gruppe	Lied	Jahr	Platz
Céline Dion	Ne partez pas sans moi	1988	1
Lys Assia	Refrain	1956	1
Lys Assia	Giorgio	1958	2
Esther Ofarim	T'en vas pas	1963	2
Daniela Simons	Pas pour moi	1986	2

So hießen die Monate früher

Heutige Bezeichnung	Alte Bezeichnung
Januar/Jenner	Hartung
Februar	Hornung
März	Lenzing
April	Ostermond
Mai	Wonnemond
Juni	Brachmond
Juli	Heuert
August	Ernting
September	Scheiding
Oktober	Gilbhard
November	Nebelung
Dezember	Christmond

Was versteht man unter einer Kalorie?

Vielleicht zählen deine Eltern auch manchmal Kalorien, weil sie eine Diät machen wollen. Jedes Nahrungsmittel hat eine bestimmte Anzahl solcher Kalorien. Es handelt sich dabei um die Wärmemenge, die man braucht, um ein Gramm Wasser mit einer Temperatur von 14,5 Grad Celsius um ein Grad zu erwärmen. Beispiel Tiefkühlpizza: Diese hat etwa 800 Kilokalorien – das sind 800 000 Kalorien! Das reicht für zwei Stunden Radfahren.

Fisches Nachtgesang

—
‿ ‿
— — —
‿ ‿ ‿ ‿
— — —
‿ ‿ ‿ ‿
— — —
‿ ‿ ‿ ‿
— — —
‿ ‿ ‿ ‿
— — —
‿ ‿
—

(Christian Morgenstern)

Die teuerste Hochzeit der Welt

40 Millionen Euro – so viel hat am 9. September 2004 die Hochzeit von El Muhtadee Billah Bolkiah, dem Kronprinzen von Brunei, und der 17-jährigen Sarah Salleh gekostet.

Aus der Welt des Films

Der beliebteste Filmpreis ist der „Oscar“, der jedes Jahr von der amerikanischen Filmakademie vergeben wird.

Zeichentrick-Filme sind ganz schön aufwändig: Für den Film „Schneewittchen und die sieben Zwerge“ (Disney) wurden 2 Millionen Zeichnungen angefertigt – allerdings wurde nur ein Bruchteil davon verwendet.

Das Wort Kino stammt übrigens aus dem Griechischen: „kinema“ heißt einfach „Bewegung“.

Pro Sekunde Film laufen 25 Bilder über den Bildschirm. Das sind bei einem Spielfilm mit 90 Minuten Länge 135 000 Bilder!

Rowan Atkinson, besser bekannt als Mr Bean, spielte 1983 in einem James-Bond-Film mit! In dem Actionfilm „Sag niemals nie“ war er als britischer Konsulatsangestellter zu sehen.

33 Arten sich fortzubewegen

gehen, laufen, rennen, wetzen, fliegen, schleichen, schwirren, flitzen, rasen, segeln, springen, kriechen, fahren, hüpfen, radeln, schlängeln, schwimmen, hinken, tauchen, torkeln, skaten, rollen, schlittern, rutschen, sprinten, krabbeln, pirschen, stürzen, surfen, drängeln, klettern, kraxeln, steigen

Heute Euro, gestern ...

Euroland	Frühere Währung
Deutschland	1 Deutsche Mark = 100 Pfennige
Österreich	1 Schilling = 100 Groschen
Belgien	1 Belgischer Franc = 100 Centimes
Finnland	1 Markka = 10 Penni
Frankreich	1 Franc = 100 Centimes
Italien	1 Italienische Lira = 100 Centesimi
Luxemburg	1 Luxemburger Franc = 100 Centimes
Spanien	1 Peseta = 100 Céntimos
Portugal	1 Escudo = 100 Centavos
Irland	1 Irisches Pfund = 100 Pence
Niederlande	1 Gulden = 100 Cents
Griechenland	1 Drachme = 100 Lepta

Zungenbrecher

Bäcker Braun backt braune Brezeln.
Braune Brezeln backt Bäcker Braun.

Fischers Fritz fängt frische Fische.
Frische Fische fängt Fischers Fritz.

Zwischen zwei Zwetschgenbäumen
zwitschern zwei Schwalben.

Blaukraut bleibt Blaukraut und
Brautkleid bleibt Brautkleid.

In Ulm, um Ulm und um Ulm herum.

Sternsinger

Das Sternsingen gibt es bereits seit dem Mittelalter. Jedes Jahr am Dreikönigstag (6. Januar) ziehen Kinder von Haus zu Haus und tragen Lieder vor. Dann schreiben sie die jeweilige Jahreszahl und die Buchstaben C + M + B über die Haustür. Gemeint sind damit nicht die Namen der heiligen drei Könige – Caspar, Melchior und Balthasar –, wie viele fälschlicherweise meinen, sondern es handelt sich um einen Segen in lateinischer Sprache: „Christus mansionem benedicat“ – Christus möge dieses Haus segnen.

Nudelverbrauch

Land	Nudelverbrauch pro Person und Jahr
Italien	25 Kilogramm
Tunesien	11,7 Kilogramm
Schweiz	9,6 Kilogramm
Griechenland	8,7 Kilogramm
Frankreich	7 Kilogramm
Schweden	5,5 Kilogramm
Deutschland	5,3 Kilogramm

Die Endspiele der Fußball-WM

Jahr	Land	Wer gegen wen?		Weltmeister
1930	Uruguay	Uruguay – Argentinien	4:2	Uruguay
1934	Italien	Italien – Tschechoslowakei	2:1	Italien
1938	Frankreich	Italien – Ungarn	4:2	Italien
1950	Brasilien	Uruguay – Brasilien	2:1	Uruguay
1954	Schweiz	Deutschland – Ungarn	3:2	Deutschland
1958	Schweden	Brasilien – Schweden	5:2	Brasilien
1962	Chile	Brasilien – Tschechoslowakei	3:1	Brasilien
1966	England	England – Deutschland	4:2	England
1970	Mexiko	Brasilien – Italien	4:1	Brasilien
1974	Deutschland	Niederlande – Deutschland	1:2	Deutschland
1978	Argentinien	Argentinien – Niederlande	3:1	Argentinien
1982	Spanien	Italien – Deutschland	3:1	Italien
1986	Mexiko	Argentinien – Deutschland	3:2	Argentinien
1990	Italien	Deutschland – Argentinien	1:0	Deutschland
1994	USA	Brasilien – Italien	3:2	Brasilien
1998	Frankreich	Brasilien – Frankreich	0:3	Frankreich
2002	Korea / Japan	Deutschland – Brasilien	0:2	Brasilien
2006	Deutschland	…	:	

Scherzfrage

Welches Tier …
… springt höher als ein Funkturm?

(Lösung: Jedes Tier, denn Funktürme können überhaupt nicht springen.)

Unmögliche Rekorde

Der längste Bart der Welt wurde beim Norweger Hans Langseth gemessen: stattliche 5,33 Meter.

Der älteste lebende Pilz stammt aus dem Schuh des Ötzi, dem steinzeitlichen Gletschermann, den man in den österreichischen Alpen gefunden hat. Das Alter des Pilzes: 5300 Jahre.

Die größte Schuhgröße hat der Amerikaner Matthew McGrory: Er ist 2,32 Meter groß und hat Schuhgröße 70.

Das höchste jemals gemessene Gewicht brachte Jon Brower Minnoch auf die Waage: satte 635 Kilogramm.

Die längste gemessene Nase hatte der Engländer Thomas Wedders: sein Riechorgan war 19,05 Zentimeter lang.

Über das Lachen

Kinder lachen am Tag 400-mal, Erwachsene nur noch 20-mal.

Im Durchschnitt lacht ein Erwachsener im Jahr 2005 sechs Minuten am Tag. 1965 waren es täglich noch fast 20 Minuten.

In China gibt es ein Sprichwort, das lautet: „Eine Minute, die man lacht, verlängert das Leben um eine Stunde."

Hopi-Indianer geben Kindern erst einen Namen, wenn diese das erste Mal gelacht haben.

Beim Lachen werden bis zu 80 verschiedene Muskeln eingesetzt.

Die 12 Tierkreiszeichen

Wann geboren?	Sternzeichen
22. Januar bis 19. Februar	Wassermann
20. Februar bis 20. März	Fische
21. März bis 20. April	Widder
21. April bis 20. Mai	Stier
21. Mai bis 21. Juni	Zwillinge
22. Juni bis 22. Juli	Krebs
23. Juli bis 23. August	Löwe
24. August bis 23. September	Jungfrau
24. September bis 23. Oktober	Waage
24. Oktober bis 22. November	Skorpion
23. November bis 22. Dezember	Schütze
23. Dezember bis 21. Januar	Steinbock

Wovor man Angst haben kann

Angst vor Katzen (Aelurophobie), Angst vor Spinnen (Arachnophobie), Angst vor Bienen (Melissophobie), Angst vor der Zahl 13 (Triskadekaphobie), Angst vor Clowns (Coulrophobie), Angst vor Staub (Amathophobie), Angst vor sich selbst (Autophobie), Angst vor dem Lernen (Sophophobie), Angst vor engen Räumen (Klaustrophobie), Angst vor Bärten (Pogonophobie), Angst vor Fröschen (Ranidaphobie), Angst vor Schnee (Chionophobie), Angst vor der Angst (Phobophobie)

Delfine als Lebensretter

Delfine sind keine Fische, sondern intelligente Säugetiere, die zur Familie der Wale gehören. Es gibt viele Geschichten, in denen Delfine Menschen in Seenot das Leben retteten. Zum Beispiel auch die Besatzung der „Südsonne". Das Fischerboot strandete 1964 weit entfernt von der rettenden japanischen Küste. Vier Männer schwammen stundenlang im Meer und versuchten verzweifelt, das Ufer zu erreichen. Doch ihre Kräfte schwanden … Als die Männer ihre Hoffnung bereits aufgegeben hatten, entdeckten sie plötzlich zwei Delfine. Diese tauchten unter die verzweifelten Fischer und jeder nahm zwei Männer auf den Rücken. Die Delfine trugen sie über 60 Kilometer bis zur Küste. Vier Menschenleben waren gerettet!

Entenhausen in verschiedenen Sprachen

Deutsch	Englisch	Italienisch
Entenhausen	Duckburg	Paperopoli
Donald Duck	Donald Duck	Paperino
Daisy Duck	Daisy Duck	Paperina
Tick, Trick und Track	Huey, Dewey and Louie	Qui, Quo & Qua
Dagobert Duck	Scrooge McDuck	Paperon de Paperoni
Die Panzerknacker	Beagle Boys	Banda Bassotti
Gustav Gans	Gladstone Gander	Gastone Paperone
Daniel Düsentrieb	Gyro Gearloose	Archimede Pitagorico

Zwei Gesichter oder eine Vase?

Französisch	Norwegisch	Finnisch
Donaldville	Andeby	Ankkalinna
Donald Duck	Donald Duck	Aku Ankka
Daisy Duck	Dolly Duck	Iines Ankka
Riri, Fifi et Loulou	Ole, Dole og Doffen	Tupu, Hupu ja Lupu
Oncle Picsou	Skrue McDuck	Roope Ankka
Les Rapetous	B-gjengen	Karhukopla
Gontrand Bonheur	Fetter Anton Duck	Hannu Hanhi
Géo Trouvetou	Petter Smart	Pelle Peloton

Künstlernamen und richtige Namen

Künstlername	Richtiger Name
Rudi Carrell	Rudolf Wybrand Kesselaar
Charlie Chaplin	Charles Spencer
Agatha Christie	Agatha Mary Clarissa Mallowan
David Copperfield	David Kotkin
Danny DeVito	Daniel Michaeli
Walt Disney	Walter Elias
Johannes Gutenberg	Johannes Gensfleisch zur Laden
Goldie Hawn	Goldie Studlendgehawn
Terence Hill	Mario Girotti
Elton John	Reginald Kenneth Dwight
Loriot	Victor Christoph von Bülow
Madonna	Madonna Louise Veronica Ciccone
Marilyn Monroe	Norma Jane Mortenson
Demi Moore	Demetria Guynes
Nena	Gabriele Kerner
Pink	Alecia Moore
Bud Spencer	Carlo Pedersoli
Mark Twain	Samuel Longhorne Clemens
Karl Valentin	Valentin Ludwig Fey

Bauernregeln

Für die Landwirtschaft ist es sehr wichtig zu wissen, wie sich das Wetter verändert. Früher, als es noch keine Wettervorhersage im Radio gab, behalfen sich Bauern mit Wetterregeln. Diese wurden meistens gereimt, damit man sie sich leichter merken konnte. Hier einige Beispiele:

- Häufig starker Tau hält den Himmel blau.
- Je weißer die Schäfchen am Himmel gehn,
  desto länger bleibt das Wetter schön.
- Wenn der Klee aufrecht steht, bald ein Sturm drübergeht.
- Auf hartes Winters Zucht folgt gute Sommersfrucht.
- Wer sehr gerne Erbsen mag, der säe am Gründonnerstag.
- Dreht zweimal sich der Wetterhahn,
  so zeigt er Sturm und Regen an.
- Steht die Gans auf einem Fuß,
  dann kommt bald ein Regenguss.
- Ist die Krähe nicht mehr weit,
  wird's zum Säen höchste Zeit.
- Was stinkt, das düngt.
- Wind in der Nacht am Tage Wasser macht.

Alte Längenmaße

Altes Längenmaß	Das entspricht
1 Linie	0,2 Zentimeter
1 Zoll	2,6 Zentimeter
1 Faust	10,5 Zentimeter
1 Fuß	0,3 Meter
1 Elle	0,7 Meter
1 Klafter	2 Meter
1 Rute	3,7 Meter
1 Stadion	1 Kilometer
1 Seemeile	1,8 Kilometer
1 Meile	7,5 Kilometer

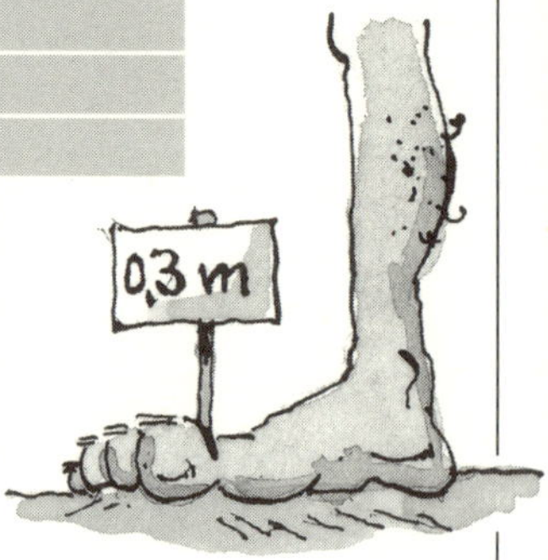

15 Süßspeisen

Rote Grütze, Armer Ritter, Götterspeise, Kosakenzipfel, Torte, Vanilleeis, Dampfnudel, Apfelmus, Pudding, Germknödel, Salzburger Nockerln, Birne Helene, Kaiserschmarrn, Tiramisu, Kirschenmichel

Was stinkt besonders?

1. Faule Eier
2. Mundgeruch
3. Biomüllbehälter
4. Saure Milch
5. Erbrochenes

6. Schweißfüße
7. Ranzige Butter
8. Schmutzige Unterhosen
9. Tote Mäuse
10. Stinkkäse

Die Karriere des Napoleon Bonaparte

Napoleon war nur knapp über 1,50 Meter groß und hatte panische Angst vor Katzen. Trotzdem wurde er einer der größten Feldherren aller Zeiten.

Wann?	Ereignis
15. August 1769	Geburt Napoleons in Ajaccio auf Korsika
1779 bis 1785	Schüler zweier Militärakademien
1785	Ernennung zum Leutnant
1792	Hauptmann der Nationalgarde
1793	Beförderung zum Brigadegeneral
1795	Oberbefehlshaber des Heimatheeres
1796	Oberkommandierender der Italienarmee
1799	Napoleon wird Erster Konsul
1802	Konsul auf Lebenszeit
1804	Napoleon krönt sich selbst zum Kaiser
1815	Vernichtende Niederlage bei Waterloo in Belgien
5. Mai 1821	Tod Napoleons auf der Verbannungsinsel Sankt Helena

10 Westernhelden

Daniel Boone, Butch Cassidy, William Frederick Cody („Buffalo Bill"), Wyatt Earp, Pat Garrett, Doc Holliday, Billy the Kid, Wild Bill Hickcok, Jesse James, Calamity Jane

10 berühmte Tiere

Thaddäus: Tintenfisch aus der Zeichentrick-Serie „SpongeBob“

Nemo: Clownfisch aus dem Zeichentrickfilm „Findet Nemo“

Kommissar Rex: Fernseh-Polizeihund aus der gleichnamigen TV-Serie

Rudi Rüssel: Rennschwein

Babe: Kleines Schweinchen aus dem Film „Ein Schweinchen namens Babe“

Benjamin Blümchen:
Sprechender Elefant

Littlefoot: Kleiner Dinosaurier aus der Zeichentrick-Serie „In einem Land vor unserer Zeit“

Kleiner Onkel: Das Pferd von Pippi Langstrumpf

Manny: Das Mammut aus dem Zeichentrickfilm „Ice Age“

Simba: Junger Löwe aus „Der König der Löwen“ (Film und Musical)

Dies und das

Jeder fünfte Verkehrsunfall in Schweden wird durch einen Elch verursacht.

An einem durchschnittlichen Menschen können sich 40 Kannibalen satt essen.

Aus dem Kohlenstoff, den ein Mensch enthält, könnte man 10 000 Bleistiftminen herstellen.

Im Jahr 11 vor Christus gab es zum letzten Mal einen 30. Februar.

Nicht nur Fingerabdrücke sind einmalig, sondern auch Zungenabdrücke.

Die Hummel kann nach wissenschaftlichen Gesetzen eigentlich nicht fliegen – sie tut's trotzdem.

Grillen haben ihr Gehör in den Beinen.

Die Wahrscheinlichkeit, von einem Hai angegriffen zu werden, liegt bei 1 zu 30 Millionen.

Im Jahr 315 verfügte die antike Stadt Rom über 144 öffentliche Toiletten.

1740 klagte man in Frankreich eine Kuh der Hexerei an – sie wurde für schuldig befunden und hingerichtet.

Dumm gelaufen

Bankraub wider Willen: Eine ältere Dame wurde in den USA verhaftet, als sie am Schalter einen Scheck abgeben wollte. Der Grund: Irgendein Scherzkeks hatte hinten auf den Scheck geschrieben: „Dies ist ein Überfall, ich habe eine Bombe." Das hatte die Frau blöderweise nicht bemerkt.

Ein schlechtes Geschäft: Ein Juwelier in Paris rieb sich schon die Hände. Für über 3 Millionen Euro hatte er Schmuckstücke verkauft und das Geld in bar erhalten. Doch als er das Geld zur Bank brachte, kam der Schock: Hinten auf den Geldscheinen war der Vermerk „Banknote Walt Disney" zu lesen – es handelte sich um Spielgeld.

Ganz schön beknackt: Ein 32-jähriger Einbrecher wollte die Tresortür in einer brasilianischen Bank sprengen – stattdessen jagte er das ganze Gebäude in die Luft.

Wissensfrage

Weißt du …
… in welchem Land es eine Stadt mit Namen Uppsala gibt?

a) Schweiz
b) Schweden
c) Belgien

(Lösung: b)

Die größten Länder

Land	Größe in Millionen Quadratkilometer
Russland	17,1
Kanada	10,0
USA	9,8
China	9,6
Brasilien	8,5
Australien	7,7
Indien	3,3
Argentinien	2,8
Kasachstan	2,7
Sudan	2,5

Wer hat das Telefon erfunden?

Seit langem gibt es einen Streit, ob nun Alexander Graham Bell oder Philipp Reis das Telefon erfunden hat. Tatsache ist: Keiner der beiden ist der Erfinder, sondern der Italiener Antonio Meucci. Dieser hatte bereits um das Jahr 1860 herum den ersten Telefonapparat entwickelt, besaß aber nicht genügend Geld, um seine Erfindung patentieren zu lassen.

Der erste Satz, der jemals in ein Telefon gesprochen wurde, soll gelautet haben: „Ein Pferd frisst keinen Gurkensalat."

Die 10 besten Wetten aus „Wetten, dass?"

15. Mai 2005

Das hat Biss: Der Chinese Zhao Benshui steht zwei Minuten lang auf sechs Glühbirnen und hält nur mit seinen Zähnen ein Fahrrad fest. Gleichzeitig singt er ein Lied.

19. März 2005

Eine Wette, die sich gewaschen hat: Das 15-jährige Mädchen Marianne erkennt Seifen allein daran, dass sie sich damit die Hände wäscht.

19. Februar 2005

Lernen durch Erfahrung: Das Ehepaar Bachmann erkennt 100 Spielzeuge am Aufprallgeräusch, wenn diese auf den Boden fallen.

11. Dezember 2004

Ein scharfes Gehör: Der 15-jährige Manuel erkennt 50 Carrera-Autos nur am Fahrgeräusch.

13. November 2004

Gutes Gedächtnis: Der 7-jährige Achim erkennt 100 Rufnummern und die zugehörigen Namen nur an den Tastentönen des Telefons.

28. Februar 2004

Ganz schön fix: Die 12-jährige Conny schreibt innerhalb von 2 1/2 Minuten eine SMS mit 320 Zeichen, ohne dabei auf die Tastatur ihres Handys zu schauen.

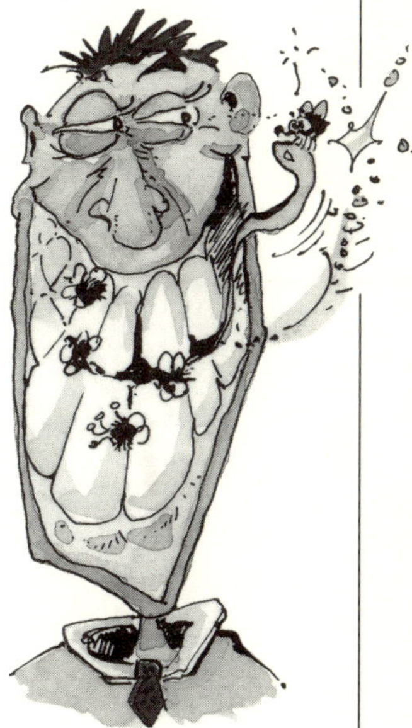

6. Dezember 2003

Zunge rausstrecken darf man nicht …: Frau Doktor Behrens aus Düsseldorf erkennt 75 ihrer Patienten an der rausgestreckten Zunge.

25. Januar 2003

Babysitter-Boogie: Die beiden Mädchen Veronika und Martina aus Würzburg erkennen 100 Schnuller, indem sie daran nuckeln.

26. Januar 2002

Besser als jede Fliegenklatsche: Martin Levonyak aus Österreich schafft es, innerhalb von fünf Minuten fünf Fliegen mit dem Mund zu fangen.

17. Februar 2001

Über Geschmack lässt sich nicht streiten: Roger Weisskopf aus der Schweiz erkennt Toilettenpapier-Marken durch Ertasten und Schmecken.

Tierische Rekorde

Das größte Tier der Welt ist der Blauwal, der es auf über 30 Meter Länge und 130 Tonnen Gewicht bringt – damit ist er auch größer als jeder Dinosaurier.

An Land ist der afrikanische Elefant das größte Tier. Er bringt es auf bis zu 4 Meter Höhe und 8 Tonnen Gewicht.

Das schnellste Landtier ist der Gepard. Er erreicht über 100 Stundenkilometer – so schnell wie ein Auto auf der Landstraße fährt.

Das längste Fell haben Moschusochsen. Die einzelnen Haare werden 90 Zentimeter lang – da würde selbst Rapunzel staunen.

Das rasanteste Wachstum haben die Kängurus: Die erwachsenen Tiere sind 60 000-mal größer als die neugeborenen!

Die größte Schlange ist der Netzpython mit über 10 Meter Länge.

Nein, Mama ...

... ich kann heute nicht zur Schule gehen. Papa hat gesagt, ich soll so lange am Schreibtisch sitzen, bis ich die Hausaufgaben fertig habe. Und ich hab noch nicht mal damit angefangen.

Giftpilze

Perlhuhnegerling, Karbolegerling, Gelber Knollenblätterpilz, Fliegenpilz, Panterpilz, Grüner Knollenblätterpilz, Frühlingsknollenblätterpilz, Kegelhütiger Knollenblätterpilz, Satansröhrling, Wachsstieliger Trichterling, Bleiweißer Trichterling, Feldtrichterling, Nebelkappe, Faltentintling, Haarschleierling, Orangefuchsiger Schleierling, Spitzbuckliger Orangeschleierling, Schöngelber Klumpfuß, Rötling, Gifthäubling, Häubling, Frühjahrslorchel, Grünblättriger Schwefelkopf, Ziegelroter Risspilz, Milchling, Fleischroter Giftschirmling, Rotbrauner Giftschirmling, Gewächshaus-Schirmling, Weißer Büschelrasling, Rosa Rettichhelmling, Leuchtender Ölbaumpilz, Düngerling, Kahler Krempling, Sparriger Schüppling, Kahlkopf, Schöne Koralle, Bauchwehkoralle, Täubling, Gemeiner Kartoffelbovist, Ritterling

Wusstest du, dass …

… du Kartoffelchips, die weich geworden sind, im Backofen wieder knusprig backen kannst?
… Orangen sich leichter schälen lassen, wenn du sie vorher 5 Minuten kochst?
… du – wenn mal keine Zahnbürste zur Hand ist – deine Zähne reinigen kannst, indem du einen Apfel isst?
… du nach dem Genuss von Zwiebeln nicht aus dem Mund riechst, wenn du ein Glas Milch trinkst?
… du beim Baden 150 Liter Wasser verbrauchst, beim Duschen dagegen nur 30?

Vornamen von A bis Z und ihre Bedeutung

Mädchenname	Bedeutung	Jungenname	Bedeutung
Anna	die Begnadete (Hebräisch)	Andreas	der Tapfere (Griechisch)
Brigitte	die Erhabene (Keltisch)	Bernhard	kräftiger Bär (Altdeutsch)
Carina	die Hübsche (Italienisch)	Christian	der Gesalbte (Griechisch)
Dorothea	Gottesgeschenk (Griechisch)	David	der Geliebte (Hebräisch)
Elisabeth	Schwur Gottes (Hebräisch)	Erich	der Mächtige (Altdeutsch)
Fiona	die Schöne (Keltisch)	Falk	der Falke (Altdeutsch)
Gisela	Geisel (Altdeutsch)	Georg	der Landmann (Griechisch)
Helga	die Heilige (Nordisch)	Harald	der Heerführer (Altdeutsch)
Irene	die Friedfertige (Griechisch)	Igor	Gotteskrieger (Russisch)
Judith	die Gepriesene (Hebräisch)	Jakob	Fersenhalter (Hebräisch)
Katharina	die Reine (Griechisch)	Karl	Mann (Altdeutsch)
Leonie	Löwin (Lateinisch)	Leo	Löwe (Lateinisch)
Maria	Widerspenstige (Hebräisch)	Martin	der Kriegerische (Lateinisch)
Nadja	die Hoffnung (Russisch)	Norman	Nordmann (Altdeutsch)

Mädchenname	Bedeutung	Jungenname	Bedeutung
Ophelia	Beistand (Griechisch)	Oliver	Ölbaumpflanzer (Französisch)
Pia	die Fromme (Lateinisch)	Paul	der Kleine (Lateinisch)
Quartilla	die Vierte (Lateinisch)	Quinto	der Fünfte (Lateinisch)
Rebekka	die Fesselnde (Hebräisch)	René	Wiedergeborener (Lateinisch)
Susanne	Lilie (Hebräisch)	Sebastian	der Erhabene (Griechisch)
Tabea	die Gazelle (Hebräisch)	Thomas	Zwilling (Hebräisch)
Ursula	kleine Bärin (Lateinisch)	Ulf	der Wolf (Nordisch)
Veronika	Siegbringende (Griechisch)	Valentin	der Starke (Lateinisch)
Wiebke	die Kämpferin (Friesisch)	Wolfgang	Wolfsgänger (Altdeutsch)
Xenia	die Gastliche (Griechisch)	Xander	Beschützer (Griechisch)
Yolanda	Veilchen (Griechisch)	Yussuf	Gott vermehrt (Arabisch)
Zita	Mädchen (Italienisch)	Zarin	Herrscher (Bulgarisch)

Englische Wörter, die aus dem Deutschen stammen

rucksack, weltschmerz, leitmotiv, dirndl, diesel, kindergarten, heimweh, wunderkind, gemüt, kitsch, lied, jagdwurst, saumagen, oktoberfest, pumpernickel, to yodel, wirtschaftswunder, lumpenproletariat, lebkuchen, muesli, edelweiß

Die Ausrüstung eines römischen Legionärs

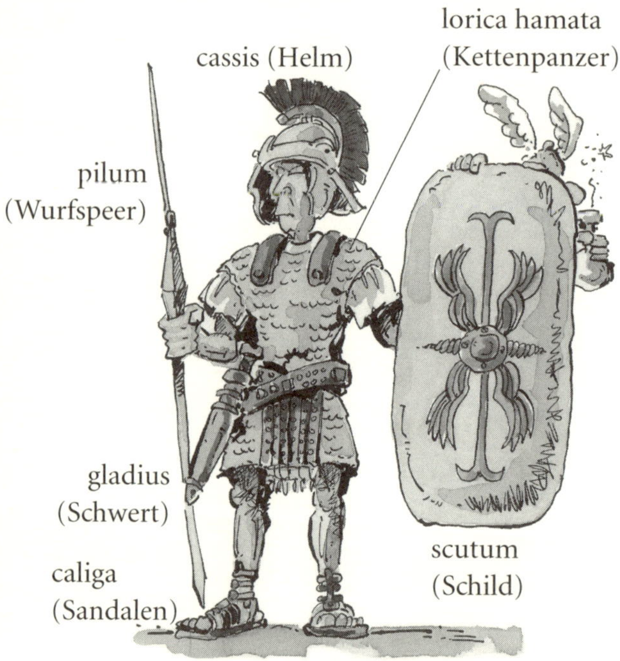

Was ist Zeit?

Zeit kann mal schneller und mal langsamer vergehen, je nachdem, ob du dich gerade gut oder schlecht fühlst, ob du dich amüsierst oder zu Tode langweilst. Das äußere Maß der Zeit bleibt dabei aber immer gleich! Hier die Bedeutungen von Jahr, Monat, Tag, Stunde und Minute:
Der Zeitraum, den die Erde braucht, um einmal die Sonne zu umrunden, heißt „Jahr“. Weil die Erde für eine Sonnenumkreisung 365 1/4 Tage benötigt, gibt es alle vier Jahre ein Schaltjahr mit 366 statt 365 Tagen: Der Februar hat dann 29 statt 28 Tage. Der Zeitraum, in dem der Mond einmal die Erde umrundet, wird „Monat“ genannt. Wenn sich die Erde einmal um ihre eigene Achse dreht, so nennt man das einen „Tag“. Die „Stunde“ und die „Minute“ haben wir den Babyloniern zu verdanken, die den Tag wegen eines besonderen Rechensystems in zweimal zwölf Stunden und die Stunde wiederum in 60 Minuten aufteilten.

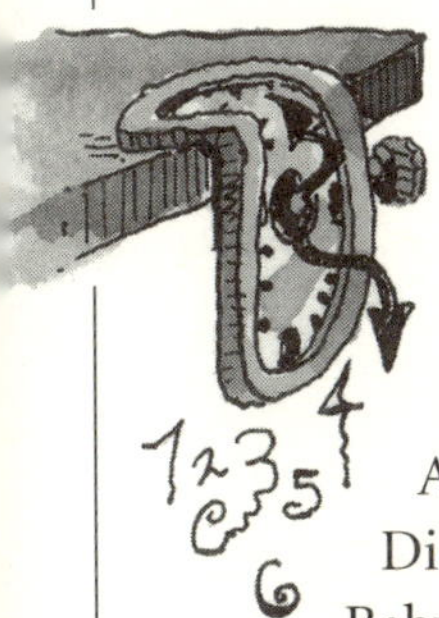

Comics aus aller Welt

- Deutschland: Fix und Foxi
- Frankreich: Asterix
- Italien: Diabolik
- Schweiz: Globi
- Spanien: Clever und Smart
- USA: Micky Maus
- Belgien: Lucky Luke

Berühmte Erfindungen

1445	Buchdruck	1868	Margarine
1505	Taschenuhr	1884	Benzinmotor
1590	Mikroskop	1887	Plattenspieler
1662	Bleistift	1895	Film
1709	Porzellan	1901	Büroklammer
1752	Blitzableiter	1903	Motorflugzeug
1755	Nähmaschine	1910	Waschautomat
1804	Lokomotive	1920	Papiertaschentuch
1807	Dampfschiff	1927	Kühlschrank
1817	Fahrrad	1929	Fernsehen
1826	Fotografie	1957	Frisbee-Scheibe
1829	Elektromotor	1960	Laser
1854	Glühlampe	1970	Skateboard
1861	Telefon	1981	CD
1867	Schreibmaschine	1987	Gemüse-Hamburger

Fische, die Auto fahren

Auf vielen Autos kannst du Aufkleber sehen, die einen Fisch darstellen. Was bedeutet das? Der Fisch ist ein Symbol für den christlichen Glauben. Es war ursprünglich ein geheimes Zeichen, das zur Zeit der Christenverfolgungen verwendet wurde. Das griechische Wort für Fisch ist nämlich „ichtys" – und damit auch die Abkürzung für „Iesous Christhos Theou Yios Soter" (Jesus Christus, Gottes Sohn, Erlöser).

Rekorde im Pflanzenreich

Die Pflanze, die am schnellsten wächst, ist der Bambus – 90 Zentimeter pro Tag sind keine Seltenheit!

Der älteste Baum der Welt ist 4900 Jahre alt und steht in Kalifornien. Er lebte bereits, als gerade die Pyramiden von Gise erbaut wurden!

Der größte Baum, den es jemals gegeben hat, war 150 Meter hoch – und hätte damit fast bis an die Spitze des Kölner Doms gereicht. Man entdeckte den Baum Ende des 19. Jahrhunderts in Australien.

Optische Täuschung

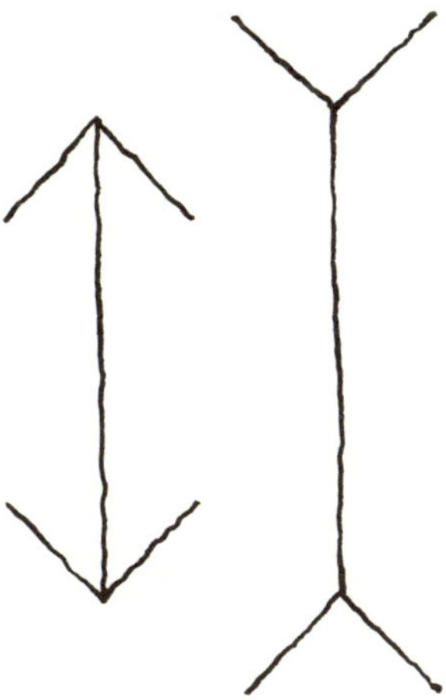

Die senkrechten Linien sind gleich lang!

Der Fall Kaspar Hauser

Ein Rätsel, das bis heute nicht gelöst werden konnte, ist die Herkunft des Jungen Kaspar Hauser. Am 26. Mai des Jahres 1828 wurde er in verwahrlostem Zustand auf eine Polizeiwache gebracht. Er konnte kaum reden, hatte aber einen Brief bei sich – verfasst von einem Adligen.
Bald rankte sich das Gerücht um Kaspar Hauser, dass er ein badischer Prinz sei und jahrelang in einem Verlies gefangen gehalten wurde. Weder dieses Gerücht noch das Gegenteil konnte aber bewiesen werden. Auch Kaspar Hauser selbst konnte nicht erklären, woher er eigentlich kam. Am 17. Dezember 1833 wurde er umgebracht.
Vor 10 Jahren versuchten Wissenschaftler erneut, Licht in den Fall Kaspar Hauser zu bringen. Schlüssel dazu sollte die DNA-Analyse sein, bei der bereits winzige Mengen Blut, Speichel oder ein Haar ausreichen, um eine Person zu identifizieren. Man nennt das auch den „genetischen Fingerabdruck“. Die Wissenschaftler untersuchten Blutspuren auf einer Unterhose, die Kaspar Hauser gehört haben soll, und dann auch noch Haare Kaspar Hausers, die im Kaspar-Hauser-Museum zu Ansbach ausgestellt werden. Aber auch diese Untersuchung löste das Geheimnis um Kaspar Hausers Herkunft nicht.

Tierisch wichtig

Blindschleichen sind keine Schlangen, obwohl sie so aussehen. Sie gehören zur Familie der Eidechsen.

Krokodile schlucken manchmal schwere Steine hinunter – durch das höhere Körpergewicht ist es ihnen möglich, tiefer zu tauchen.

Fledermäuse sind die einzigen Säugetiere, die fliegen können.

Schnecken haben auf der Zunge mehrere tausend Zähne.

Pandabären fressen ausschließlich Bambusblätter, Koalas ernähren sich ausschließlich von Eukalyptusblättern.

Küchenschaben können ohne Kopf so lange weiterleben, bis sie verhungern.

In einen Elefantenrüssel könnte man acht Flaschen Mineralwasser ausleeren.

Auch Hochhausbewohner sind vor Ratten nicht sicher! Diese intelligenten Tiere können über mehrere Stockwerke die Wasserrohre hochklettern.

Marienkäfer können maximal 22 Punkte haben.

Aus der Welt des Fußballs

Indien nahm 1950 nicht an der Fußball-WM teil, weil die Mannschaft nicht barfuß spielen durfte.

Bei der Fußball-WM 1966 wurde die Siegertrophäe gestohlen. Von Pickles, einem cleveren Hund, wurde die in einem Gebüsch versteckte Trophäe dann wiederentdeckt.

Die erste Fußball-WM, die im Fernsehen in Farbe übertragen wurde, war die von 1974.

Den „Elfmeter" gibt es seit 1891.

Die meisten Tore in einer Bundesliga-Saison gab es 1983/1984: Die Spieler trafen insgesamt 1097-mal.

Während eines Spiels läuft ein Fußball-Spieler etwa 10 Kilometer.

Das häufigste Ergebnis bei WM-Spielen ist 1:0 bzw. 0:1.

Die Telefonnummer des spanischen Fußball-Vereins Real Madrid verrät etwas über dessen Erfolge: Die ersten beiden Ziffern stehen für die gewonnenen Meistertitel, die dritte und vierte Ziffer für die Pokalsiege und die fünfte und sechste Ziffer für die europäischen Titel.

Das Fürstentum Liechtenstein hat nur etwas mehr als 30 000 Einwohner, aber sieben Fußballvereine.

Wer ist auf den Dollar-Scheinen zu sehen?

1 Dollar	George Washington
2 Dollar	Thomas Jefferson
5 Dollar	Abraham Lincoln
10 Dollar	Alexander Hamilton
20 Dollar	Andrew Jackson
50 Dollar	Ulysses S. Grant
100 Dollar	Benjamin Franklin

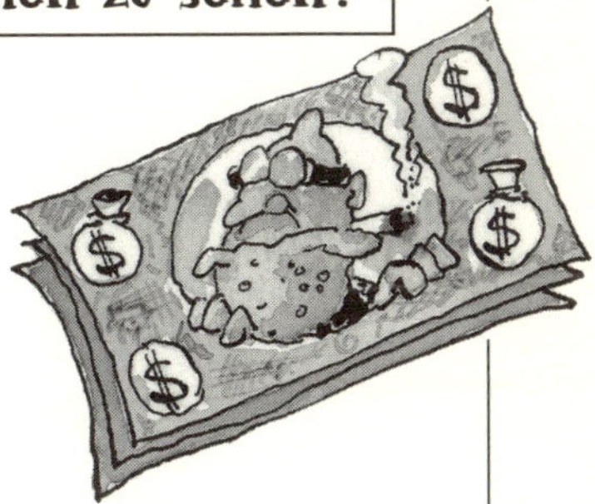

Die Nationalhymne von Marokko

النشيد الوطني المغربي

منبت الأحرار * مشرق الأنوار

منتدى السؤدد وحماه

دمت منتداه

وحماه

عشت في الأوطان * للعلى عنوان

ملء كل جنان * ذكرى كل لسان

بالروح * بالجسد

هب فتاك

لبى نيداك

في فمي وفي دمي

هواك ثار نور ونار

اخوتي هيا * للعلى سعيا

نشهد الدنيا * أنا هنا نحيا

بشعار

* * * * * *

الله

الوطن الملك

Über Katzen

Auch Löwen und Tiger sind Katzen. Bis auf die Löwen sind alle Katzen – auch die Hauskatze – Einzelgänger.

Katzen sehen im Dunkeln 5-mal besser als Menschen.

Katzen können 10-mal mehr Laute erzeugen als Hunde.

Wenn Katzen aus der Höhe nach unten fallen, landen sie immer auf den Beinen.

Lautstärken

Welcher Ton?	Lautstärke in Dezibel
Computer	10
Ticken einer Uhr	20
Flüstern	30
Vogelzwitschern	40
Regen	50
Unterhaltung	60
Auto	70
Rasenmäher	80
Gewitter	90
Hupe	100
Rockkonzert	110
Flugzeug	120
Vulkanausbruch	130
Raketenstart	140

Die Länder Afrikas

Ägypten, Algerien, Angola, Äquatorial-Guinea, Äthiopien, Benin, Botswana, Burkina-Faso, Burundi, Dschibuti, Elfenbeinküste, Eritrea, Gabun, Gambia, Ghana, Guinea, Guinea-Bissau, Kamerun, Kap Verde, Kenia, Komoren, Kongo, Kongo/Zaire, Lesotho, Liberia, Libyen, Madagaskar, Malawi, Mali, Marokko, Mauretanien, Mauritius, Mosambik, Namibia, Niger, Nigeria, Rwanda, Sambia, Sao Tome u. Principe, Senegal, Seychellen, Sierra Leone, Somalia, Südafrika, Sudan, Swaziland, Tansania, Togo, Tschad, Tunesien, Uganda, Zentralafrikanische Republik, Zimbabwe

Seltsame Gesetze in den USA

- In Tennessee ist es verboten, Fische mit einem Lasso zu fangen.
- In Maryland darf man keine Löwen mit ins Kino nehmen.
- In Florida ist es nicht gestattet, unter Wasser zu pfeifen.
- In Oklahoma darf man Hunden keine Grimassen schneiden.
- In Kentucky muss man mindestens einmal pro Jahr baden.
- In Nevada dürfen keine Kamele auf der Autobahn laufen.
- In Nord-Dakota ist es verboten, in Schuhen einzuschlafen.
- In Texas dürfen Kühe nicht mit Graffiti besprüht werden.

Pizza, Pizza

Pizza war bereits bei den alten Etruskern und Griechen bekannt. Sie wurde ursprünglich auf einem Stein gebacken, den man in die Nähe eines Lagerfeuers legte. Pizza mit Tomatenbelag wurde erstmals in der Mitte des 18. Jahrhunderts gebacken. Im Jahr 1830 wurde in der italienischen Stadt Neapel die erste Pizzeria eröffnet. Den ersten Pizzaservice gab es 1889. Geliefert wurde an König Umberto und seine Ehefrau Margherita. Nach Margherita wurde eine Pizza-Sorte benannt.

Zu einem Pizza-Teig gehören: 1 Glas Wasser, 1 Würfel Hefe, 2 Esslöffel Öl, eine Prise Salz, 500 Gramm Mehl. Die Zutaten werden in einer Schüssel vermischt und geknetet – so lange, bis der Teig nicht mehr an den Fingern kleben bleibt. Dann wird der Teig etwa eine Stunde mit einem Geschirrtuch zugedeckt, damit die Hefe den Teig lockern kann. Jetzt kann der Teig auf einem Backblech ausgerollt werden. Bestreiche ihn mit passierten Tomaten und belege ihn ganz nach deinem Geschmack, z. B. mit Schinken, Mais usw. Bestreue das Ganze zum Abschluss mit geriebenem Käse. Backe die Pizza dann bei 200 Grad, bis der Käse goldbraun gefärbt ist.

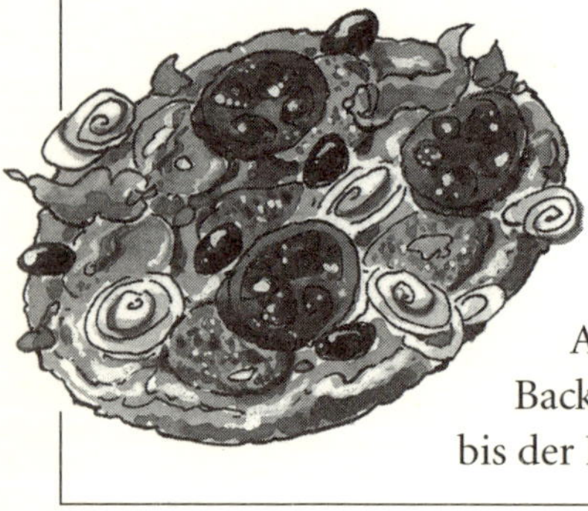

Frauenfußball-WM

Die Fußball-Weltmeisterschaft für Frauen wird seit 1991 alle vier Jahre ausgetragen. Hier ein Überblick über die bisherigen Finalspiele:

Jahr	Land	Wer gegen wen?	Ergebnis	Weltmeister
1991	China	Norwegen – USA	1:2	USA
1995	Schweden	Deutschland – Norwegen	0:2	Norwegen
1999	USA	USA – China	5:4	USA
2003	USA	Deutschland – Schweden	2:1	Deutschland

Löcher

Schwarze Löcher – diese gibt es im Weltraum. Sie können entstehen, wenn Sterne explodieren. Ihre Anziehungskraft ist so stark, dass kein Licht nach außen dringen kann.

Loch Ness – „loch" ist auch das schottische Wort für „See". Allerdings wird es „lock" ausgesprochen. Im Loch Ness soll der Sage nach ein Ungeheuer namens Nessie leben.

Das tiefste Loch – wurde auf der russischen Halbinsel Kola gebohrt. Die Geologen stießen bis in 12 260 Meter Tiefe vor. Das ist Weltrekord!

Aufgeschnappt

Der Mond darf nicht verkauft werden! Das ist durch den Weltraumvertrag von 1967 festgelegt worden. Pech für Dennis Hope: Der wollte nämlich kleine Mondgrundstücke für umgerechnet 15 Euro das Stück verkaufen.

Probieren kann man's ja! Ein amerikanischer Psychiater behandelte eine Frau, die glaubte, aus einer Vielzahl von Persönlichkeiten zu bestehen. Er schickte deshalb an die Krankenkasse eine Rechnung für eine Gruppentherapie mit 120 Teilnehmern.

In Norwegen gibt es eine Telefonzelle mit Gästebuch – die einzige Touristenattraktion eines kleinen Dorfes.

Der letzte Wille eines Comic-Redakteurs: Seine Asche sollte mit Druckerschwärze vermischt und zur Herstellung eines Comic-Hefts verwendet werden. Der Wunsch wurde vom Comic-Verlag (Marvel) erfüllt und ein Heft in limitierter Auflage herausgegeben.

Im Streit zerstörte eine Engländerin das Aquarium ihres Lebensgefährten. Dessen Rache: Er biss ihrem Hamster den Kopf ab.

Der Kot von Elefanten eignet sich hervorragend zur Herstellung von Papier. Die Elefantenäpfel werden dazu gekocht und zermahlen, dann ausgerollt und in der Sonne getrocknet.

Opa mit 29! Das wurde Dale Wright, ein britischer Baggerfahrer, als sein 14-jähriger Sohn Vater wurde.

Flaschenpost kommt nach 30 Jahren an! Jytte Laursen warf mit 13 Jahren eine Flaschenpost ins Meer. Von der dänischen Küste trieb sie 1400 Kilometer bis zu einer norwegischen Insel. Dort wurde sie von Henry Karoliussen gefunden, der auch gleich einen Antwortbrief aufsetzte – nach 30 Jahren.

Glühbirnen-Witze

Wie viele Ostfriesen braucht man, um eine Glühbirne zu wechseln?

Tausend – einer hält die Lampe, die anderen drehen das Haus.

Wie viele Beamte braucht man, um eine Glühbirne zu wechseln?
Zwanzig – einer dreht die neue Birne rein, die anderen erledigen den Papierkram.

Wie viele Mütter braucht man, um eine Glühbirne zu wechseln?
Keine – das lässt sie Papa erledigen.

Heuschrecken

Wie niederländische Wissenschaftler herausfanden, sind Heuschrecken sehr gesund und gehören auf den europäischen Speisezettel. Ein Kilogramm dieser Tiere hat den gleichen Nährwert wie fünf große Hamburger. Und in getrockneter Form sind Heuschrecken auch lange haltbar. Schmecken sollen die Insekten übrigens auch nicht schlecht.

Wie heißt das Handy in anderen Ländern?

Land	Bezeichnung fürs Handy
Belgien	een gsm
China	shouji
England	mobile phone
Finnland	kännykkä
Griechenland	kinito
Italien	telefonino
Japan	keitai
Niederlande	een mobieltje
Spanien	el móvil
Vietnam	dien thoay di dong

Das Haus vom Nikolaus

Ein Haus zeichnen, ohne den Stift auch nur einmal abzusetzen – geht das überhaupt? Klar: mit dem Haus vom Nikolaus! Beginne wie im Bild links unten bei der Nummer 1 und arbeite dich bis Nummer 9 vor. Du siehst: Es genügt eine Linie! Und warum eigentlich „Haus vom Nikolaus"? Ganz einfach: Zähle mal in dem Satz „das ist das Haus vom Ni-ko-laus" die Silben – pro Silbe zeichnest du eine Linie.

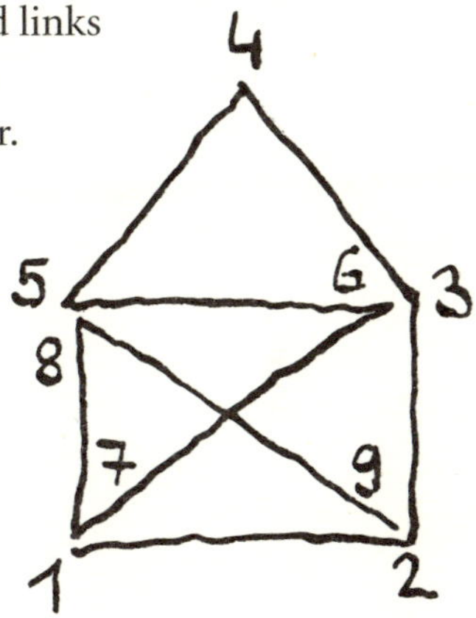

10 fiese Geräusche

Kreide auf einer Schultafel
Spitze Gegenstände über Glas schrammen
Laute Bässe aus Autoboxen
Kreischende Bremsen
Der Zahnarztbohrer
Das Durchbrechen der Schallmauer
Motzende Erwachsene
Opernarien für Sopran
Zusammenkrachende Autos
Brechende Knochen

Kleiner Japanischkurs

Arbeit	arubaito
Rucksack	ryukkusakku
Ich-Roman	ihhi roman
schön	shan
Autobahn	autobán
Schlafsack	shuráfuzakku
Wandervogel	wandáfógeru
Generalprobe	generarupuroobe
Schanze	shantse
Hinterland	hintaarando
Mädchen	metchen
Bogen	boogen
Energie	enerugii
Frau	furau
Gelände	gerende

Mathe-Quiz

Welcher Tag war vorgestern, wenn der Tag nach übermorgen zwei Tage vor Samstag liegt?
a) Montag · b) Mittwoch · c) Samstag

(Lösung: c)

Spiegelschrift

Julia trägt ein T-Shirt, auf dem das Wort ADVENTURE* steht. Sie steht vor dem Spiegel. Was sieht sie dort?
a) ADVENTURE · b) ƎЯUTИƎVDA
c) ERUTNEVDA

* Adventure heißt Abenteuer

(Lösung: b)

Berühmte Paare

Liebespaare

Bonnie und Clyde, Romeo und Julia, Heino und Hannelore, Cäsar und Kleopatra, Napoleon und Josephine, Tarzan und Jane, Dieter Bohlen und Estefania Küster, Amor und Psyche, Micky Maus und Minnie Maus

Geschwisterpaare

Brüder Grimm, Karl und Theo Albrecht, Geschwister Scholl, Heinrich und Thomas Mann, Robert F. und John F. Kennedy, Hänsel und Gretel, Uli und Dieter Hoeneß, Vitali und Wladimir Klitschko, Ralf und Michael Schumacher, Kain und Abel

Die längsten Flüsse

Name	Länge	Land/ Region
Nil	6693 km	Nordafrika
Amazonas	6436 km	Südamerika
Yangtzekiang	6378 km	China
Mississippi (mit Missouri)	6021 km	USA
Huang Ho	5463 km	China
Ob (mit Irtysch)	5410 km	Russland
Amur	4415 km	Ostasien
Lena	4399 km	Russland
Kongo	4373 km	Zentralafrika
Mackenzie	4241 km	Kanada

Die Donau

Die Donau ist 2860 Kilometer lang, davon fließen …

… 687 Kilometer durch Deutschland.
… 351 Kilometer durch Österreich.
… 172 Kilometer durch die Slowakei.
… 417 Kilometer durch Ungarn.
… 138 Kilometer durch Kroatien.
… 587 Kilometer durch Serbien.
… 1075 Kilometer durch Rumänien.
… 472 Kilometer durch Bulgarien.
… 0,6 Kilometer durch Moldawien.
… 54 Kilometer durch die Ukraine.

Nanu, aber das sind doch viel mehr Kilometer als 2860! Stimmt, das liegt daran, dass die Donau zwei Ufer hat – klaro?

Kleines Experiment

Beantworte laut folgende Fragen und lies dann die Lösung.

1. Welche Farbe hat Schnee?
2. Welche Farbe hat ein Brautkleid?
3. Was trinkt eine Kuh?

(Lösung: Eine Kuh trinkt Wasser! Die meisten Leute antworten auf die dritte Frage „Milch", weil Schnee, Brautkleid und Milch weiß sind.)

Neulich im Urlaub

… war ich in Taumatawhakatangihangakoauotamateaturipukakapikimaungahoronukupokaiwhenuakitanatahu. Dieser Ort liegt in Neuseeland. Das Wort mit 83 Buchstaben stammt aus der Sprache der Maori, der dortigen Ureinwohner.

… war ich in Llanfairpwllgwyngyllgogerychwyrndrobwllllantysiliogogogoch. Dieser Ort befindet sich in Großbritannien, im Landesteil Wales. Der Ortsname in walisischer Sprache hat 58 Buchstaben.

Die Maskottchen der Fußball-Weltmeisterschaften

Jahr	Figur	Austragungsland
2006	Goleo	Deutschland
2002	Spheriks	Japan/Südkorea
1998	Footix	Frankreich
1994	Striker	USA
1990	Ciao	Italien
1986	Pique	Mexiko
1982	Naranjito	Spanien
1978	Gauchito	Argentinien
1974	Tip&Tap	Deutschland
1970	Juanito	Mexiko
1966	World Cup Willie	Großbritannien

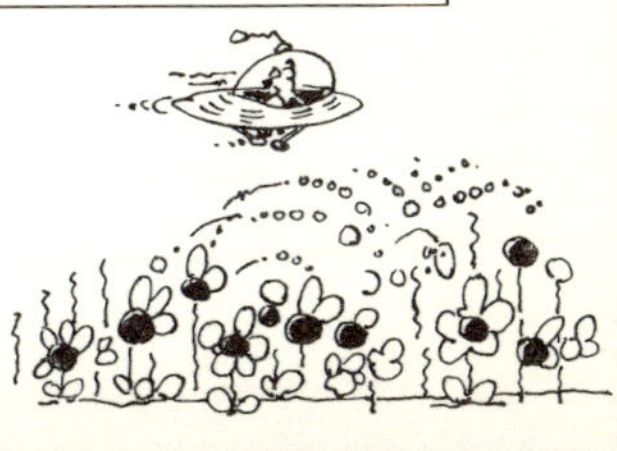

Chinesische Schriftzeichen

母	福	水
Mutter	Glück	Wasser
狮	龙	好
Löwe	Drache	Gut
雨	秋	我
Regen	Herbst	Ich

Wolkengattungen

Zirrus, Zirrokumulus, Zirrostratus, Altostratus, Altokumulus, Stratokumulus, Stratus, Kumulus, Kumulonimbus

火

Feuer

Liste der westgotischen Könige

395–410 Alarich I.
410–415 Athaulf
415 Sigerich
415–418 Wallia
418–451 Theoderich I.
451–453 Thorismund
453–466 Theoderich II.
466–484 Eurich
484–507 Alarich II.
507–511 Gesalech
511–531 Amalrich
531–548 Theudis
548–549 Theudigisel
549–555 Agila I.
555–567 Athanagild
567–572 Liuva I.
568–586 Leovigild
586–601 Rekkared I.

601–603 Liuva II.
603–610 Witterich
610–612 Gundemar
612–621 Sisebut
621 Rekkared II.
621–631 Suinthila
631–636 Sisenand
636–639 Chintila
639–642 Tulga
642–653 Chindaswinth
653–672 Rekkeswinth
672–680 Wamba
680–687 Erwig
687–702 Egica
702–710 Wittiza
710–711 Roderich
711–714 Agila II.

Bundesliga-Rekordler

Otto Rehhagel: Trainer bei 820 Bundesligaspielen

Eike Immel: Torhüter mit den meisten Gegentoren – 829 in 534 Bundesligaspielen

Gerd Müller: 12 von 63 Elfmetern verschossen – das ist Bundesliga-Rekord!

Noch mal **Gerd Müller:** 365 Tore in 14 Jahren – das ist ebenfalls Bundesliga-Rekord!

Gesichtserker und Tageleuchter

Heute kennen und benutzen wir viele englische Begriffe, zum Beispiel Airbag, Homepage, Notebook oder Scanner. Es gibt jedoch viele Menschen, die der Meinung sind, dass die deutsche Sprache stärker gepflegt werden müsse. Sie lehnen Fremdwörter aus anderen Sprachen ab. Schon im 18. Jahrhundert unternahmen Philipp von Zesen und Joachim Heinrich Campe den Versuch, Fremdwörter ins Deutsche zu übertragen. Viele ihrer Eindeutschungen setzten sich durch, zum Beispiel Ausflug (statt Exkursion), Bahnsteig (statt Perron) oder Briefwechsel (statt Korrespondenz). Einige ihrer Übertragungen waren aber so ausgefallen, dass man sich nur über sie lustig machte:

Gesichtserker für Nase · Tageleuchter für Sonne
Zeugemutter für Natur · Meuchelpuffer für Pistole
Lotterbett für Sofa
Zitterweh für Fieber
Haarkräusler für Frisör
Allheitsfuhrwerk für Omnibus
Kunststrom für Kanal
Schweißloch für Pore
Spitzgebäude für Pyramide
Zwischenstille für Pause

10 Dinge, die noch erfunden werden müssen

GPS-System zur Suche öffentlicher Toiletten
Münzen und Geldscheine, die sich vermehren
Fußbälle, die von selbst ins Tor gehen
Geruchsfernsehen
Wettercomputer, der das programmierte Wetter macht
Schultaschen, die automatisch Hausaufgaben erledigen
Geräuschlose Fahrzeuge ohne Abgase
Drei freie Wünsche, die erfüllt werden
Getränke aus dem Wasserhahn
Kleidung, die mitwächst

Österreichisch für Anfänger

In Österreich werden für einige Dinge andere Wörter verwendet als im Hochdeutschen. Um unsere Nachbarn zu verstehen, hier ein kleines Wörterbuch der häufigsten Begriffe.

Abgängig: vermisst	Obi G'spritzt: Saftschorle
Erdäpfel: Kartoffeln	Paradeiser: Tomaten
Faschiertes: Hackfleisch	Pickerl: Aufkleber
Fisolen: grüne Bohnen	Sessel: Stuhl
Fleischhauer: Metzger	Schlagobers: Sahne
Gelse: Mücke	Topfen: Quark
Jause: Brotzeit	Wegzählen: subtrahieren
Karfiol: Blumenkohl	Weinhauer: Winzer

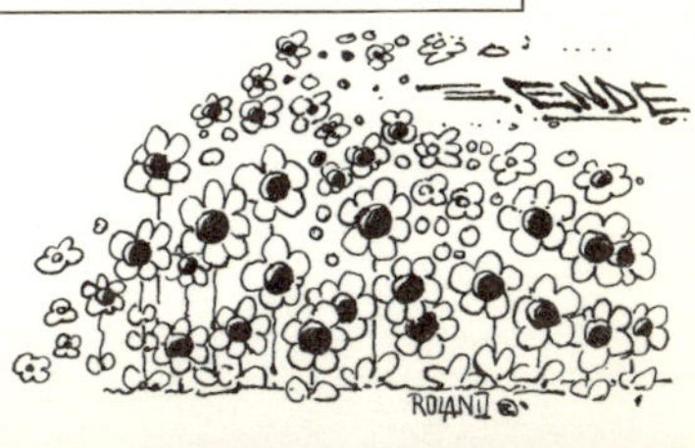

Redewendungen rund ums Ende

Alles hat ein Ende,
nur die Wurst hat zwei.

Ende gut, alles gut

Das Ende vom Lied

Licht am Ende des Tunnels sehen

Das dicke Ende kommt noch.

Lieber ein Ende mit Schrecken,
als ein Schrecken ohne Ende.

Bis zum bitteren Ende

Ende der Durchsage

Etwas geht seinem Ende zu.

Bis ans Ende der Welt

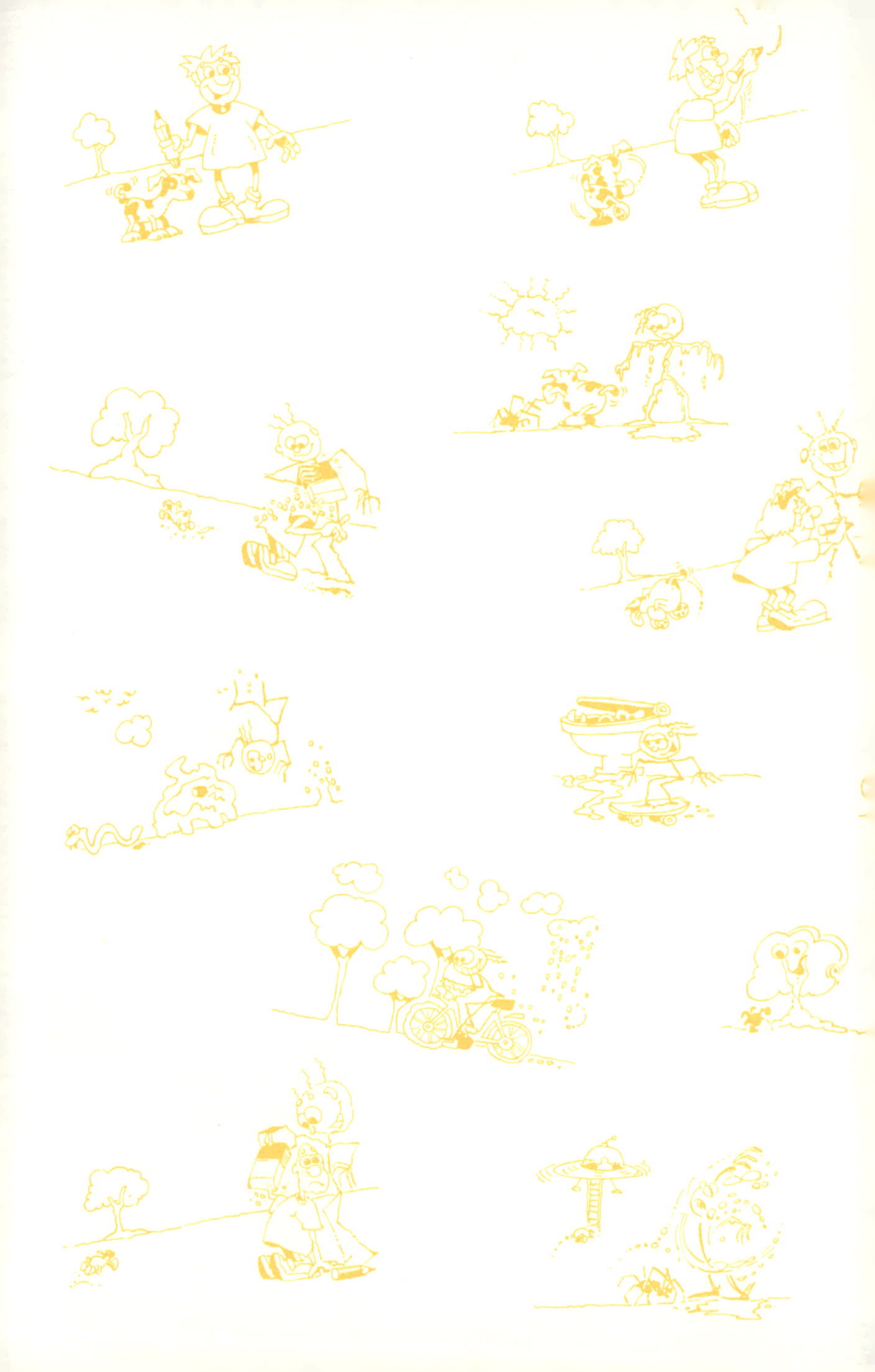